TAARIIKHDA QORISTA
IYO HORUMARINTA AF SOOMAALIGA

TAARIIKHDA QORISTA IYO HORUMARINTA AF SOOMAALIGA

*Horumar,
Dibudhac,
iyo Dibuhinqasho*

Tifaftireyaal
**CABDULAAHI YUUSUF IBRAAHIM
FARDOWSA MUUSA CISMAAN**

DHAXALREEB
PUBLICATIONS
2024
Muqdisho, Soomaaliya

XARUNTA DHAXALREEB PUBLICATIONS

Copyright © Xarunta Dhaxalreeb *Publications* 2024.
Dhowran © Xarunta Dhaxalreeb *Publications* 2024
Second Edition, First Print July 2024.
Soo Saariddii 2aad, Daabacaaddii 1aad Luulyo 2024.

All rights reserved.
Xuquuqda oo dhammi way dhawrantahay.
Buuggan dhammaantiis ama qayb ka mid ah sina looma daabici karo, loomana kaydsan karo elegtaroonig ahaan, makaanig ahaan ama hababka kale oo ay ku jirto sawirid, ayadoo aan oggolaansho laga helin soo saaraha/qoraaga. Waa sharcidarro in buuggan la koobbiyeeyo, lagu daabaco degellada *internet*-ka, ama loo baahiyo si kasta oo kale, ayadoo aan oggolaansho laga helin qoraaga ama cid si la caddayn karo ugu idman maaraynta xuquuqda.

WAXAA DAABACAY:
| Dhaxalreeb
| Xarunta Horumarinta Hoggaaminta
| Degmada Hodan,
| Muqdisho, Soomaaliya.
| W: www.dhaxalreeb.org.so
| E: Info@dhaxalreeb.org.so
| T: +252 613 288 882

TIFAFTIRE	: Cabdullaahi Yuusuf Ibraahim iyo Fardowsa Muusa Cismaan
GALKA	: Looh Press
NAQSHADEYNTA	: Kusmin (Looh Press)

Cinwaankan wuxuu ka diiwaangashanyahay Maktabadda *Britain*.
Sidoo kale, wuxuu ka diiwaangashanyahay Makdabadda *"Library of Congaress"* ee Maraykanka.

ISBN:
978-1-912411-96-2   Gal khafiif ah (Paperback)
978-1-912411-95-5   Gal adag (Hardback)

TUSMO

EREYGAABIN .... **xiii**
MAHADNAQ .... **xv**
HORDHAC .... **xvii**

CUTUBKA 1AAD GOGOLDHIG — 03

QORISTA FARTA: DULMAR TAARIIKHEED IYO WAAJIBAADKA MAANTA 03

1.1: BILLOWGII BAADIGOOBKA FAR AF SOOMAALIGA LAGU QORO ... 03
1.2: FARTA *LATIN*-KA IYO SOOMAALIDA 05
1.3: DADAALLADII IYO CAQABADIHII 1943-1969 06
1.3.1: FARTA SOOMAALIYEED IYO DHULKA HOOYO 06
1.3.2: AFKA IYO DIINTA UMMADEED 07
1.3.3: AF QARAN IYO FAR QARAN 10
1.4: ARRIMIHII KU HAREERAYSNAA GO'AANKA GAARISTA FARTA .. 13
1.5: KAALINTII GUDDIGA AF SOOMAALIGA 1970-1971 15
1.6: YAA LAHAA FARTA RASMIGA LOO QAATAY? 17
1.7: SHIRE JAAMAC AYUU KA KEENAY FARTA? 19
1.8: GUULIHII KA DHASHAY QORISTA FARTA 22
1.9: GAABISKII SIDDEETANAADKII 23
1.10: DIBUDHACA FARTA IYO AFKA KU YIMID TAN IYO 1991 24
    1.11: ARRIMAHA HADDA TAAGAN EE HORUMARINTA AFKA IYO FARTA 25
    1.11.1: AF SOOMAALIGA: MA HAL BAA MISE DHOWR? 25
    1.11.2: CID WALIBA SIDA AY RABTO AYAY U QORTAA: MA LA HELI KARAA HABQORAAL MIDAYSAN? 28
    1.11.3: HORUMARINTA AFKA: WAA MAXAY KAALINTA DOW-LADDA? 30

CUTUBKA 2AAD — 37

TAARIIKHDA AFKA SOOMAALIGA & QORISTIISA 37
2.1: HORDHAC 37

2.2: Taariikhda Far Soomaaliga...38
    2.2.1. Siyaasaddii SYL ee Qorista af Soomaaliga 40
    2.2.2. Dadaalladii Qorista af Soomaaliga Xorriyadda ka dib 43
    2.2.3. Baahidii Keentay Qorista af Soomaaliga..................................47
    2.2.4. Horumarkii af Soomaaliga Qoristii Farta ka dib 48
2.3. Caqabadihii ugu Waaweynaa ee soo Wajahay Far Soomaaliga 51
2.4. Waxyaabihii Kaalmeeyay Horumarka af Soomaaliga Xilligii kacaanka 52
    2.4.1. Xoogga Dalka iyo Kaalintoodii Horumarinta afka 53
2.5. Xaaladda af Soomaaliga ee Maanta 53
    2.5.1. Saamaynta Horumarka Tiknooloojiyadeed ee af Soomaaliga...56
2.6. Horumarinta iyo Xoojinta af Soomaaliga 57
    2.6.1. Halbeegayn 57
    2.6.2 Hormarinta Cilmiga *Sarfi-ga* 58

CUTUBKA 3AAD   61

SAAMAYNTA QORISTII AF SOOMAALIGA EE WAXBARASHADA DALKA 61
3.1. Hordhac 61
3.2. Kaalintii af Soomaaliga ee Waxbarashada Burburkii ka hor 62
3.3. Af Soomaaliga iyo Nidaamka Waxbarashada Burburka ka dib......64
3.4. Af Soomaaliga iyo Waxbarashada Muddadii Dowlad-dhisidda.......65
    3.4.1. Aqoonta af Soomaaliga ee Macallimiinta 66

CUTUBKA 4AAD   73

CILMIBAARISTA AF SOOMAALIGA 73
4.1. Hordhac 73
4.2. Cilmibaarisyadii af Soomaaliga ee Cabdalla Cumar Mansuur.........73
4.3. Cilmiga Afafka iyo Laamihiisa 75
4.4. Khubaradii af Soomaaliga..77
4.5. Qoraalladii laga Sameeyay af Soomaaliga 78
4.6. Saamayntii Burburka ee af Soomaaliga 79
4.7. Tallaabooyinka lagu Horumarin karo af Soomaaliga 83
4.8. Diyaarinta Jiil Cusub oo Xeeldheerayaal ah 85

CUTUBKA 5AAD   89

AFKA IYO SUUGAANTA... 89
5.1. Hordhac 89
5.2. Taariikhda Kulliyaddii Afafka ee Jaamacadda Ummadda Soomaaliyeed 90
    5.2.1. Afka iyo Muhiimaddiisa...91
    5.2.2. Saamayntii Gumaysiga ee af Soomaaliga 93

  5.2.3. Xiriirka ka Dhexeeya Afka iyo Suugaanta 95
  5.2.4. Sinnaan La'aantii ka Jirtay Horumarinta af Soomaaliga 101
  5.2.5. Kala duwanaanshaha Maayga iyo Maxaatiriga 104
 5.3. Af Soomaaliga: Af Mise Afaf: Aragtida Barfasoor Maxamed Xaaji
  Mukhtaar 106
  5.3.1. Taariikhda Farta Maayga 109
  5.3.2. Farqiga u Dhexeeya Maayga iyo Maxaatiriga 113
  5.3.3. Afka iyo Qarannimada 115
 5.4. Af Soomaaliga: Af Mise Afaf: Aragtida Barfasoor Cabdalla Mansuur 116
  5.4.1. Xiriirka ka Dhexeeya Maayga iyo Maxaatiriga 118
  5.4.2. Maayga iyo far Soomaaliga 122
  5.4.3. Farta Maayga 124
  5.4.4. Lahjadaha kale 127
  5.4.5. Hirgelinta Lahjad Guud 129
 5.5. Asalka Afka 130
  5.5.1. Soo Saaridda Hadalka 132
  5.5.2. Xiriirka ka Dhexeeya af Soomaaliga iyo af Carabiga: Aragtida
   Dr. Ridwaan Xersi Maxamed 135
  5.5.3. Xiriirka ka Dhexeeya af Soomaaliga iyo af Carabiga: Aragtida
   Barfasoor Cabdalla Mansuur 142

CUTUBKA 6AAD GABAGABO IYO TALABIXIN 149

 6.1. Gabagabo 149
  Af Soomaaliga hal mise laba af 151
 6.2. Talabixin 153

ISHA UU KA SOO MAAXDAY BUUGGU 157
ABOUT THE BOOK CHAPTERS & CONTRIBUTORS 165
EREYTUS 173

EREYGAABIN

ISA	Interreverine Study Association
JUS	Jaamacadda Ummadda Soomaaliyeed
M.K.H	Miilaadiyada ka hor
SYC	Somali Youth Club
SYL	Somali Youth League
UNESCO	United Nations Education, Scientific and Cultural Organization
UNICEF	United Nations Children's Fund
WFP	World Food Program
WFL	Water for Life

MAHADNAQ

Marka hore, waxaan u mahadcelinaynaa Allaha Weyn ee suurtageliyay in buuggani dhammaystirmo. Ka dib, waxaan u mahadnaqaynaa dhammaan hay'adihii iyo shakhsiyaadkii gacanta ka gaystay soosaarista buuggan billow ilaa dhammaad. Si gaar ah, waxaan ugu mahadcelinaynaa Hormuud Salaam *Foundation* oo taageeradeeda la'aanteed aanu buuggan soo bixi lahayn. Waxaa kaloo xusid mudan doorkii wax-ku-oolka ahaa ee ay ciyaartay Shirkadda *Hornconnect* oo duubaysay waraysiyada laga diyaariyay buuggan.

Dhinaca shakhsiyaadka, waxaan u mahadcelinaynaa aqoonyahannada kala ah: Barfasoor Maxamed Cilmi Tooxow, Suldaan Cabdi Siyaad iyo Maxamed Xasan Cabdullaahi oo qayb fiican ka qaatay dib-u-eegista qabyaqoraalkii buuggan. Waxaan kaloo u mahadcelinaynaa Barfasoor Ibraahim Faarax Bursaliid oo talooyin wax-ku-ool ah ku biiriyay tifaftirka buugga. Sidoo kale, waxaan la illaawi karin kaalintii Cabdulqaadir Faarax Dulyar iyo Aweys Xasan Maxamed, oo xiriiriyay duubista muuqaalladii laga diyaariyay buuggan. Ugu dambayntii, waxaan mahad u celinaynaa Aamino Cabdullaahi Cismaan oo wax ku biirisay tifaftirka buugga.

HORDHAC

Dadaalladii ku wajahnaa qorista afka Soomaaligu waxay ahaayeen kuwo muddo dheer socday, oo is daba yaallay. Helista far lagu qoro afka Soomaaliga ayaa ahayd guul weyn oo ay soo hooyeen dadaalladaasi. Haddaba, marxaladihii kala duwanaa ee ay dadaalladaasi soo mareen ayay muhiim tahay in si ku filan wax looga ogaado, ayadoo maanka lagu hayo baahida loo qabo siiwadiddooda iyo kamiradhalintooda.

Dhaxalreeb waxay diyaarisay buuggan oo ku saabsan afka Soomaaliga, kaasoo loogu talagalay inuu u iftiimiyo jiilka cusub ee aqoonyahannada dadaalkii loo soo galay qorista iyo horumarinta af Soomaaliga, iyo guulihii laga gaaray; iyo inuu dhaqaajiyo dareenkooda cilmibaariseed ee la xiriira taariikhda afka iyo dhaqanka Soomaaliyeed. Haseyeeshee, taasi kama dhigna inaan cid kale ka faa'iidaysan karin, oo buuggu wuxuu anfacayaa cid kasta oo mowduucan danaynaysa oo ay ku jiraan cilmibaarayaashu. Buugga waxaa laga diyaariyay waraysiyo iyo doodcilmiyeedyo ay ka qaybgaleen xeeldheerayaal waaya-arag ah oo aqoon durugsan u leh af Soomaaliga iyo suugaantiisa, iyo farta Soomaaliga iyo taariikhdeeda. Diyaarinta buuggan waxay soo martay dhowr marxaladood. Billowgii, muuqaallo la duubay ayaa loo beddelay qoraal aan hadalkii waxba laga tegin, balse aan tifaftirnayn. Dabadeed, waa la habeeyay, lana tifaftiray; markaa ka dib ayaa loo bandhigay aqoonyahanno kale af Soomaaliga ku takhasusay, si ay talo ugu darsadaan.

Qorista buuggan, iyo dhammaan qoraallada Dhaxalreeb, waxaa la raacay habqoraalka ereyada loo yaqaanno "Lammaanaha". Sidaas darteed lama kala goyn ee waa la is raaciyay qoraalka ereyada lammaanan, sida: dayaxgacmeed, dibudhac, dibuhabayn, dhaqandhaqaale, luqadyaqaan, maandooriye, waxsoosaar, ereybixin, guddoomiyekuxigeen, afkaarwanaag, iwm.

Buuggu wuxuu ka koobanyahay lix cutub. Cutubka koowaad, oo gogoldhig u ah qaybaha kale ee buugga, wuxuu samaynayaa hordhac ku saabsan guud ahaan arrimaha lagu falanqaynayo buugga, ayadoo islamarkaas qoraha cutubka uu soo xiganayo ilo cilmibaariseed oo dheeraad ah, oo ka baxsan waraysiyadii iyo doodcilmiyeedyadii aan soo xusnay.

Cutubka labaad waxaa lagu falanqaynayaa taariikhda farta Soomaaliga, ayadoo laga hadlayo arrimo la xiriira helistii iyo hirgelintii farta, iyo kaalintii ay ka qaadatay horumarinta afka Soomaaliga. Waxaa kaloo cutubkani xusayaa dhibaatooyinkii soo wajahay af Soomaaliga, hadal ahaan iyo qoraal ahaanba muddadii burburka.

Cutubka seddaxaad waxaa lagu lafagurayaa saamayntii ay qorista iyo hirgelinta far Soomaaligu ku yeelatay waxbarashada, waxaana ka qaybgelaya khubaro waxbarasho oo xogogaal u ah waxbarashda dalka.

Cutubka afaraad wuxuu ka hadlayaa cilmibaarisyadii la sameeyay ee ku saabsanaa af Soomaaliga, kuwaasoo muddo fog ka hor soo billowday, ayna ku lug lahaayeen khubaro isugu jirta Soomaali iyo shisheeye. Barfasoor Cabdalla Cumar Mansuur oo bixiyay waraysigii laga diyaariyay cutubkan ayaa ka mid ah cilmibaarayaashaas. Waxaa kaloo si kooban loo sharxayaa cilmiga afafka iyo laamihiisa, ayadoo la xusi doono khubarada iyo cilmibaarayaasha Soomaaliyeed ee ku takhasusay af Soomaaliga.

Cutubka shanaad wuxuu ku saabsanyahay afka iyo suugaanta, waxaana laga diyaariyay waraysiyo lala yeeshay xeeldheerayaasha kala ah: Barfasoor Cabdalla Cumar Mansuur, Barfasoor Maxamed Xaaji Mukhtaar, Barfasoor Maxamed Cumar Dhalxa iyo Dr. Ridwaan Xirsi Maxamed. Barfasoor Dhalxa wuxuu qaybtiisa uga hadlayaa xiriirka ka dhexeeya afka iyo suugaanta, iyo arrimo kale oo la xiriira af Soomaaliga. Barfasoor Cabdalla Cumar Mansuur iyo Barfasoor Maxamed Xaaji Mukhtaar waxay si gaargaar ah uga hadlayaan xiriirka ka dhexeeya Maayga iyo Maxaatiriga, iyo guud ahaan waxa uu af Soomaaligu u qaybsamo: af mise afaf? Sidoo kale, Barfasoor Cabdalla Cumar Mansuur iyo Dr. Ridwaan Xirsi Maxamed ayaa ayaguna si goonigooni ah u falanqaynaya su'aasha ku saabsan waxa uu yahay xiriirka ka dhexeeya af Soomaaliga iyo af Carabiga.

Cutubka ugu dambeeya ee Gabagabada waxaa ku jira talooyin muhiim ah, kuwaasoo ay xeeldheerayaashu ku soo gudbinayaan aragtidooda ku saabsan sidii loo badbaadin lahaa, loona horumarin lahaa af Soomaaliga.

CUTUBKA 1AAD GOGOLDHIG

CUTUBKA 1AAD
GOGOLDHIG

QORISTA FARTA: DULMAR TAARIIKHEED IYO WAAJIBAADKA MAANTA

Cabdi Axmed Maxamed (Baafo)
Agaasimaha Xarunta Dhaxalreeb

1.1: BILLOWGII BAADIGOOBKA FAR AF SOOMAALIGA LAGU QORO

Waxaa muuqata in dadaal badan, oo muddo ku dhow 150 sano socday, la geliyay sidii afka Soomaaliga ee lagu hadlo loogu rogi lahaa qoraal. Dadaalkaasi wuxuu ku billowday isxilqaan shakhsiyaad Soomaali ah iyo kuwo shisheeye. Soomaalidii horseedka ka ahayd waxay adeegsadeen farta Carabiga, halka kuwa shisheeyaha ay farta *Latin*-ka saldhig ka dhigteen. Sheekh Aweys Maxamed Baraawi wuxuu ahaa Soomaaligii ugu horreeyay ee adeegsada farta Carabiga dhammaadkii 1800, asagoo ku qoray qasiidooyinkiisa farguri. Sheekh Jaamac Cumar Ciise wuxuu soo tabiyay in qoraalkii ugu da'da weynaa ee ay ka heleen sahan 1986 lagu aruurinayay fargurida uu ahaa "masafo" 1830meeyadii uu qoray nin la yiraahdo Xaaji Cali Cabdiraxmaan oo reer Qandala ahaa.[1] Buugga Dr Maxamed Xuseen Macallin, Taariikhda Culimada Soomaaliyeed, waxaa ka muuqata in 18 ka mid ah 80ka uu ka warramayo ay qoreen buugaag intooda bandanna

---

1. Sollas Media, 2014

aan dhaafin heer qoraal farguri.² Sheekh Maxamed Cabdi Makaahiil ayaa abbaarihii 1935 Hindiya ku daabacay buug uu isaga leeyahay; Muuse Galaalna wuxuu 1958 soo bandhigay far Carbeed kaloo la Soomaaliyeeyay.³

Ka hor inta Maxamed Cabdi Makaahiil uusan soo saarin buuggiisa farta Carabiga uu u adeegsaday, waxaa 1922 dhalatay fartii ku caanbaxday magaca *Cusmaaniya* ee uu allifay Cismaan Keenadiid. Xeeldheere afka, Barfasoor Ciise Maxamed Siyaad, wuxuu qabaa in Keenadiid ujeeddadiisa aysan marna ahayn inuu far uun iska allifo,⁴ wuxuu leeyahay wuxuu "arkay in gabayadii raggii la ayniga ahaa ay tiriyeen ay sii lumayaan…wuxuu raadiyay far gabaygiisa lagu qori karo oo aan gabaygu ku lumin…Carabiga ayuu ka raadiyay, waa u soo bixi weyday." Axmed Faarax idaajaa wuxuu sheegayaa in sababta uu Keenadiid uga guuray farta Carabiga ay ahayd in "uu akhrin waayay gabay uu isagu qortay, oo Carabi ku qortay."⁵

Farta *Cusmaaniya*-da waxay qiimo gaar ah u yeelatay Soomaalida markuu billowday dareenka raadinta madaxbannaanida ummadda.⁶ Nilsson,⁷ wuxuu taxayaa ilaa iyo toban cilmibaarayaal shisheeye oo *Latin*-ka u adeegasaday qoridda afka Soomaaliga, muddadii u dhaxaysay 1880 iyo 1909.⁸ Saddexdii shisheeye ee ugu horreeyay ee naxwaha Soomaaliga darsa waxay kala ahaayeen: *Fred Hunter* (1880), oo u dhashay dalka Ingiriiska; *Gabriel Ferrand* (1886), oo u dhashay dalka Faransiiska; iyo *A. W. Schleicher* (1892), oo u dhashay dalka Jarmalka.⁹ Waxaa soo raacay Cilmibaare reer Austria ahaa, *Leo Reinnisch*, oo sanooyinkii 1900-1903 soo saaray saddex buug oo naxwaha iyo ereybixinta la xariira.¹⁰ Inta badan qoraallada daraasadahaan afeed waxay ku salaysnaayeen waraysiyo lala yeeshay dhowr

---

2. Maxamed X. M., 2021
3. Tosco, M. 2015
4. Dhaxalreeb, 2021
5. Somali Channel TV, 2012
6. *The Society for Somali Language & Literature*, 1951
7. Nilsson, 2022
8. Nilsson, M., 2022
9. Tosco, M., 2015
10. *Andrzejewski*, B. W. 1978

qof oo Soomaali ah oo degganaa dhul shisheeye;[11] waxayna qoraalladaasi ku koobnaayeen cilmibaarayaasha qoray oo wax badan lagama ogayn.[12]

Laga soo billaabo 1950 waxaa dib u soo noolaaday danaynta cilmibaarayaasha shisheeye. Waxaa cilmibaarista af Soomaaliga xiiso gaar ah u yeelay xilkii la saaray Wasaayada Talyaaniga ee Qaramada Midoobay oo tiirka ugu muhiimsan uu ahaa horumarinta waxbarashada iyo dhisidda aqoonyahan maamulka dalka gacanta ku qabta. Wakhtigaas, cilmibaarayaasha cusub ee shisheeyaha ah waxaa ka mid ahaa Barfasoor Mario Maino oo qoray buug ereybixinta caafimaadka ah, iyo Barfasoor Martino Mario Moreno oo qoray buug naxwe ah.

1.2: FARTA *LATIN*-KA IYO SOOMAALIDA

Inta badan qoraallada daraasadahakan afeed ee *Latin*-ka ku qoran waxay ku koobnaayeen cilmibaarayaasha qoray,[13] waxayse qaarkood mar dambe indhaha ay u fureen cilmibaarayaal Soomaaliyeed oo hagaajinta farta *Latin*-ka ka dhex arkay fursad lagu heli karo mid si qumman ugu qotonta afka Soomaaliga. Waxay ahayd 1956 markii cilmibaarihii ugu horreeyay ee Soomaaliyeed, Muuse Galaal, uu howshiisa far Soomaaliga soo bandhigay ayadoo naxwaha uu kala shaqeeyay *Andrzejewisky*.[14] Cilmibaaraha afka iyo suugaanta Soomaaliyeed, Shire Jaamac, ayaa isagana qaaday raadkii Muuse Galaal, wuxuuna howsha horumarinta farta *Latin*-ka gabagabeeyay ka hor intii aan dalku qaadan madaxbannaanidiisa 1960.

Dowladdii rayidka ahayd, 1960-1969, waxay horumar ka samaysay dhinaca abuuridda madallo ay fikrado isku dhaafsan karaan xeeldheerayaashii Soomaaliyeed ee afka, suugaanta iyo dhaqanka ku howlanaa, oo qof waliba goonidiisa u dadaalayay. Waxaa la dhisay waax ka tirsan Wasaaradda Waxbarashada oo xilka horumarinta afka iyo dhaqanka qaadday. Waxaa laba jeer la magacaabay Guddiga Afka Soomaaliga, oo ay xubno ka ahaayeen

---

11. *Andrzejewski*, B. W. 1981
12. Cali, A. F., 2014
13. Cali, A. F., 2014
14. Galaal, M. H. I. I., 1956

indheergarad aragtiyo kala geddisan ka kala qaba sidii loo heli lahaa far Soomaaliyeed. Xukuumadda waxay ka codsatay, kana heshay kaalmo farsamo hay'adda UNESCO. Dadaalkan farsamo oo kudhowaad toban sano socday, 1960-1969, wuxuu xal cad ka keeni waayay ismariwaaga xeeldheerayaashii isku hayay faraha Carbiga, *Cusmaaniya*-da iyo *Latin*-ka.

1.3: DADAALLADII IYO CAQABADIHII 1943-1969

Ka hor inta aysan ugu dambaystii 1972 si rasmi ah u qaadan farta lagu qorayo afka, seddax goor ayay Soomaalida waajahday xaalad ah inay go'aan qaran ka gaarto arrinta qoridda afka:

- (i) aasaaskii wejigii hore ee xisbigii gobannimadoonka ee loo yaqiinnay *Leego*,
- (ii) xilligii ismaamulka hoose ee loo yaqiinnay *Daakhiliya*, iyo
- (iii) xilligii xukuumadihii isdabajoogay ee rayidka ahaa ee la dhisay markii gobannimada la qaatay.

1.3.1: FARTA SOOMAALIYEED IYO DHULKA HOOYO

Waxaa la oran karaa 1943 waxay bartilmaameed taariikheed u tahay billowga danaynta iyo isuxilqaanka Soomaalida ummad ahaan sidii ay ku heli lahayd far qaran. Waxaa isku lifaaqnaa arrinta qoridda afka iyo u halganka madaxbannaanida dhulka hooyo, xaqiijinta jiritaanka ummadeed ayadoo reeryada gumeysiga la iska qaadayo. Ra'yiga ah in si rasmi ah far ay Soomaalidu leedahay lagu dhaqmo waxaa markii u horreysay billaabay naadigii dhallinyarada ee la magac baxay "SYC (*Somali Youth Club*)" ama "kulub" ay Soomaalida u taqiinnay. Waxaa xubnaha naadiga hor yiillay labo inay kala doortaan: xuruufta Carabiga oo lagu habeeyay Soomaaliga iyo far xuruuf gaar ah leh oo uu allifay qof Soomaali ah, Cismaan Yuusuf Keenadiid. Dhallinyaradaasi waxay doorteen fartii *Cusmaaniya*-da, waxayna dastuurkoodi 1943 ku qoreen in taasi ay noqon doonto farta dalka, ayadoo labo sano ka dib ay noqotay mid laga dhigo dugsiyadii ay ka aasaaseen dalka gudihiisa iyo dibaddiisa, sida Ardisababa, Keenya, Tansaaniya iyo Yaman.[15]

Shan arrimood oo kulmay ayaa fududeeyay go'aankii dhallinyarada Soomaaliyeed ay ku gaareen inay farta *Cusmaaniya*-da u qaataan far ummadda Soomaaliyeed ay leedahay, rasmi ahaanna uu ugu dhaqmo ururkii ay aasaaseen. Arrimahaasi waxay ahaayeen: (i) abaabul midaysan, (ii) hoggaan loo heellanyahay, (iii) qiiro waddaninimo, (iv) talo urur keliya ka go'da, iyo (v) xeeldheerayaashi farta *Cusmaaniya*-da oo saamayn ku lahaa hoggaanka ururka.

Go'aankaasi waxaa si cad loogu dhaqmay muddo toddobo sano ah, 1943-1950, waxaana muran geliyay xaaladihii cusbaa ee abuurmay markii Wasaayada ay billaabatay.

1.3.2: AFKA IYO DIINTA UMMADEED

Bishii Nofembar 1949, Qarammada Midoobay waxay go'aan ku gaareen in Soomaalidii Talyaaniga uu gumeysan jiray la hoos geliyo nidaam ammaano ay u hayso Qarammada Midoobay ilaa laga gaarsiinayo madaxbannaani 1960, ayadoo maamulka nidaamkaas ammaanada loo dhiibay Talyaaniga. Maamulkan cusub wuxuu furay dood ku saabsan afka dowladda ay adeegsanayso. Bishii ku xigtay ee Disembar, dhinaca Talyaaniga ayay ka billaabatay in laga doodo nuuca afka uu adeegsanayo nidaamka Wasaayada, oo nin magiciisa qariyay uu ku soo bandhigay wargeys cusub oo la yiraahdo "*Il Nuovo Giornale*".[16] 1dii Abril 1950, Talyaaniga wuxuu si rasmi ah Ingiriiska ugala wareegay maamulkii Soomaaliya, waxaana billowday xilligii Wasaayada, afka waxbariddana wuxuu noqday wixii ugu horreeyay ee maamulka uu diiradda saaro. *Maino*[17] ayaa nooga warramaya dhacdooyinkii ugu waaweynaa ee la xariiray arrinta xulashada afka rasmiga ah ee dowladda kolkii maamulka Wasaayada uu billowday. Abril 20keedi, qiyaastii saddex toddobaad inta aysan ka soo wareegan la wareegistii jagadiisa, ayaa Maamulihii Wasaayada, *G. Fornari*, wuxuu dadweynaha ka aruuriyay ra'yigooda ku

---

15. Tosco, M., 2015
16. Maino, M., 1957
17. Isla ishan

aaddan afka ay tahay in maamulka uu adeegsado; waxay intooda badan soo jeediyeen in Carabiga uu noqdo afka maamulka. Hoggaankii Leegada ayaa isla maalintii xigtay, 22 Abril, warqad u diray *Fornari* oo ay ku wargelinayaan go'aanka xisbiga uu ku taageerayo codka dadweynaha. *Fornari* wuxuu u dacwooday Guddigii Latashiga ee Qarammada Midoobay, oo korjoogtaynta ku lahaa Maamulka. Bishii Maajo, guddiga wuxuu warsaxaafadeed ku soo saaray mowqifkiisa ah in Carabiga uu noqdo afka labaad ee dugsiyada laga dhigo.

Doodda halkaas kuma joogsan, waxayna u gudubtay sannadkii xigay. Bishii Abril 1951, Guddiga Maamulka Arlada, oo odayaal dalka u dhashay iyo shisheeyihii dalka degganaa ay ku wada jireen, ayaa go'aamiyay "in Carabiga uu noqdo afka rasmiga ah oo la qiima ah Talyaaniga".[18] Inj. Cabdulqaadir Aadan wuxuu tilmaamay inay arrin yaab leh ahayd in, walow Leegada ay 5 xubnood keliya ku lahayd guddiga, haddana dhammaan 28kii xubnaha Soomaalida ahaa ay hal meel u wada codeeyeen.[19] Inj Cabdulqaadir wuxuu kaloo sheegay in Guddigii Latashiga uu dhexdhexaadin billaabay asagoo la xariiray Mudane Aadan Cabdulle, oo ahaa ku xigeenka Guddiga Arlada, isla markaana ka tirsanaa madaxda Leegada. Guddiga Latashiga wuxuu fasiray sida go'aanka uusan dhaqangal u yeelan karin maaddaama aysan suurtagal ahayn in Talyaaniga uu keeno macallimiin Carbeed oo isaga laga rabo inuu kharashkooda bixiyo, ayadoo ay u fududdahay inuu macallimiin Talyaani adeegsado. Ugu dambaystii, meel dhexe ayaa la isugu yimid, waxaana la dhisay nidaam waxbarasho oo labo nuuc ah: mid Soomaali ah iyo mid Talyaani ah; kan Soomaaliga waxaa lagu heshiiyay in afka Carabiga loo barto af ahaan, laguna dhigo maaddada diinta, ayadoo Talyaaniga lagu qaadanayo maaddooyiinka kale.[20] Sannad-dugsiyeedkii 1950/1951 waxaa howlgalay 29 dugsi oo ay dhiganayeen 2,850 arday.[21] Bishii Disembar 1951 Guddiga Arlada wuxuu soo jeediyay in la sameeyo dugsi lagu barto shareecada oo ay

---

18. Moreno, M., 1952
19. Dhaxalreeb, 2022
20. Nottolini, E., 1989
21. Costanzo, G. A., 1960

wax ka dhigaan macalliimiin Masaari ah iyo kuwo dalal kaloo Carbeed laga keenay.[22]

Sida uu qoray *Maino*, go'aankii Abril 1951 ee Guddiga Arlada waxaa ka mid ahaa "in afka Soomaaliga uu yahay markasta kan lagu hadlayo, mustaqbalkana laga shaqeeyo si kasta oo lagu faafin karo, jid kasta iyo daraasad kastana lagu dhaqaaqo sidii loo horumarin lahaa, farna loogu heli lahaa".[23] Lama hayo dadaal cad oo Maamulkii Wasaayada uu geliyay qorista af Soomaaliga.

Markii labaad ee go'aan ku saabsan farta, oo ay Soomaali dhexdeeda keligeeda ka dooddo, waxay ahayd xilligii *Daakhiliyada, 1956-1960*, oo Soomaalida loo oggolaaday inay ismaamusho oo talada arrimaheeda gudaha u samaysato xukuumad Soomaali ay hoggaamiso. Wakhtigaasi, farta *Latin*-ka, oo 1943 ka dib soo banbaxday, ayaa xoog soo yeelatay, tartan adagna la gashay *Cusmaaniya*-da. Waxaa 1957 maqaallo ku qoran *Latin*-ka, oo ay fasaxday Xukuumaddii Ra'iisulwasaare Cabdullaahi Ciise, muddo kooban toddobaadkiiba maalin lagu daabacay bog ka mid ah wargeyskii dowladda *Corriere della Somalia* ee laga soo saari jiray Xamar.[24] Arrintaasi waxay khalkhal gelisay siyaasaddii Ururka Dhallinyarada Soomaaliyeed ee ku aaddanayd farta Soomaaliga oo ay horey u samaysatay 1943. Inj. Cabdulqaadir Aadan Cadde wuxuu sheegay in halka dhinacna lagu mudaaharaadayay *Latin*-ka, ayaa dhinaca kalana rag ay ka mid ahaayeen shaqaalihii dowladda, xisbiga Leegadana ku jiray, oo waa dambe qaarkood safiirro noqon doona, ay aad u taageerayeen in Farta *Latin*-ka wax lagu qoro.[25] Inj Cabdulqaadir Aadan wuxuu sheegay in xakamaynta khilaafka ay ku dirqisay hoggaanka Leegada inuu meel dhexdhexaad ah iska taago. Waxaa la go'aamiyay in bogga farta *Latin*-ka lagu qoro laga joojiyo wargeyska, islamarkaasna *Cusmaaniya*-da laga qaado meeqaankii ay ku lahayd qoraallada iyo dugsiyada ururka. Inj. Cabdulqaadir Aadan wuxuu kaloo tilmaamay in lagu heshiiyay in xulashada

---

22. Maino, M. 1957
23. Ibid
24. Pirone, M. 1967
25. Dhaxalreeb, 2022

farta dib loo dhigo ilaa madaxbannaanida laga qaato, si muranka uusan u wiiqin midnimada ururka. *Pirone* wuxuu tafaasiil dheeraad ah ka bixinayaa go'aankii Shirweyne-sannadeedkii Leegada ee 1957 oo looga dooday arrinta far Soomaaliga iyo afka maamul ee dowladda ay tahay inay ku dhaqanto. Wuxuu muujinayaa in go'aan lagu gaaray in faraha Carabiga iyo *Latin*-ka midkoodna aan la qaadan, oo laga shaqeeyo far qaranka uu leeyahay.[26]

1.3.3: AF QARAN IYO FAR QARAN

Markii saddexaad ee la iskudayay in go'aan laga gaaro farta lagu qorayo af Soomaaliga waxay ahayd intii ay jirtay dowladdii rayidka ahayd ee ka horreeysay xukunkii militariga. Ayadoo la fulinayo ballantii ahayd in go'aanka farta la dhammaystiro madaxbannaanida ka dib ayaa dowladdii u horreysay ee la dhisay mudnaanta howlaheeda ay ka mid noqotay arrinta farta Soomaaliga. Baarlamaanka ayaa ka codsaday Xukuumadda inay dhisto guddi baara sida ugu habboon ee af Soomaaliga loo qori karo[27]. Guddiga Luqadaha ee la magacaabay 1961 ayaa madax looga dhigay Muuse Galaal, cilmibaare muddo ku howlanaa suugaanta Soomaalida iyo fartiii lagu qori lahaa. Cali Warsame wuxuu qorayaa in Guddiga uu ku taliyay in farta *Latin*-ka ay tahay tan ugu habboon marka laga eego dhinaca farsamada, si degdeg ahna loo gudagalo dhaqangelinteeda.[28] *Pirone* wuxuu tilmaamayaa in warbixinta guddiga aan weligeed la soo bandhigin.[29] Hase yeeshee, Axmed Faarax Idaajaa wuxuu qorayaa hadal uu toos uga soo xigtay warbixinta guddigaas oo nuqulkeeda uu ka helay Matxafka Taariikhda Soomaaliyeed ee ku oolli jiray Xamar.[30]

Si kastaba ha ahaatee, howshii guddiga intii lagu guda jiray ayaa waxaa guddiga caro uga baxay labo xubnood oo muhiim ahaa: Yaasiin Cismaan Keenadiid iyo nin la yiraahdo Ibraahim Xaashi oo u kala doodaayay farta

---

26. Pirone M., 1967
27. Warsame, A. A. 2001
28. Isla ishan
29. Pirone, 1967
30. Dhaxalreeb, 2021

Cusmaaniya-da iyo tan Carabiga. Arrintan guddiga ku timid waxay is hortaagtay fursaddii fulinta. Waxaa la soo wariyay in siyaasiyiin saamayn xoog leh ku lahaa xukuumadda aysan ku qancin talada guddiga. Cali Warsame wuxuu soo xiganayaa qoraaga *Latin* oo yiri: "Ra'iisulwasare Cabdirashiid Cali Sharmaarke waxaa laga soo sheegay inuu ku dhaartay in inta uu awoodda hayo uusan farta *Latin*-ka oggolaanaynin".[31]

Xukuumaddii Ra'iisulwasaare Dr. Cabdirashiid Cali Sharmaarke, 1960-1964, waa ay ku guuldarraysatay in arrinta farta ay meel saarto. Ra'iisulwasaarihii ku xigay, Cabdirisaaq Xaaji Xuseen, isna waxay ku qaadatay ku dhowaad labo sano inuu tallaabo ka qaado arrinta farta, Waxaa xilliigii maamulkiisa,1964-1967, lagu dhaqaaaqay labo arrimood oo keliya: magaacaabidda Guddiga Farta Soomaaliga iyo warbixin laga codsaday hay'adda Qaramada Midoobay ee Waxbarashada iyo Dhaqanka, UNESCO oo loo gudbiyay xukuumadda, wuxuuna xilka ka degay ayadoo arrinta farta aan weli go'aan laga gaarin. War badan lagama hayo waxqabadkii uu la yimid guddigaas Ra'iisulwasaaraha uu magacaabay 1966. Maaddaama xeeldheerayaashii UNESCO ay howlgaleen wakhti gaaban ka dib magaacabista guddiga, iyaga xitaa kuma aysan xusin warbixintooda.[32]

Xeeldheerayaashii UNESCO saddex qaybood ayay u kala saareen farihii ugu muhiimsanaa ee ilaa iyo markaas jiray: (i) far Soomaali ay Soomaali allifatay, (ii) far *Latin* afka Soomaaliga lagu dabbaqay, iyo (iii) far Carabi afka Soomaaliga lagu dabbaqay, ayagoo isbarbardhigay mid walba waxay ku wanaagsantahay iyo cilladaha ay leedahay. Waxay isbarbardhiggooda u xusheen toddoba ka mid ah farahaas, oo ka koobnaa saddex Carabi, saddex *Latin*, iyo hal Soomaali.

Qaybta far Soomaaliga oo ay sheegeen inay ka koobnaayeen kudhowaad toban, waxay tixgeliyeen *Cusmaaniya*-da (1933) keliya, ayagoo kuwii ay ka tageen ay ugu caansanaayeen Kaddariyada, oo uu allifay Xuseen Shekh Axmed Kaddare (1957), iyo tii uu lahaa curinteeda Sheekh Cabdiraxmaan Sheekh Nuur (1933). Qaybta Carabiga waxay isbarbardhigga u qaateen

---

31. Latin,1977
32. *Andrzejewski*, B. W., Strelcyn, S., & Tubiana, J. 1966

farihii Maxamed Cabdi Makaahiil (1933), Muuse Galaal (1954) iyo Ibraahim Xaashi Maxamuud (1963), Qaybta *Latin*-ka waxay soo qaateen farihii ay soo jeediyeen Muuse Galaal (1956), Cabdullaahi Xaaji Maxamuud (1960), iyo Shire Jaamac (1965).

Xeeldheerayaashii UNESCO waxay ku dhex shaqeeyeen jawi siyaasadeed oo aad shaki looga qabay ujeeddooyinkooda, ayagoo lagu tuhmayay inay u liici doonaan dhinaca farta *Latin*-ka. Waxaa ku mudaaharaaday kooxo u doodayay farta Carabiga.[33] Sidaas darteed, waxay ku dhiirran waayeen inay si cad u kala saaraan aqoonyahannadii iyo siyaasiyiintii doodda ay ka dhex furnayd. Waxay ka leexdeen inay bixiyaan talooyin siyaasad la xariiri kara, waxayna ku dadaaleen in daraasaddooda ay noqoto mid farsamo oo aan ka bixin xayndaabka cilmiga luqadda. Waxayse warbixintooda ku caddeeyeen in "aysan arkin diidmo adag oo cilmi iyo farsamo ku salaysan oo lagaga soo horjeedo farta *Latin*-ka." Waxay u arkeen in sahalka loogu adeegasan karo makiinadaha wax lagu qoro ee xafiisyada iyo madbacadahaba ay fududaynayso dhaqangelinteeda; ardaydana aysan ku dhibtoonaynin barashada afafka Talyaaniga iyo Ingiriiska ee dugsiyada laga dhigi jiray. Talooyinka ay soo jeediyeen waxaa ka mid ahaa:

1. In guddiga afka la joogteeyo
2. In la diyaariyo buugaag-dugsiyeed
3. In la soo saaro qaamuuska afka Soomaaliga
4. In la helo wargeysyo iyo buugaag afka Soomaaliga ku qoran
5. In barnaamijyo gaar ah laga sii daayo raadiyaha

Arrinta farta Soomaaliga waa ay basbeeshay xilligi xukuumaddii saddexaad ee dowladdii rayidka ahayd ee uu hoggaaminayay Maxamed Xaaji Ibraahim Cigaal, Madaxweynahana uu ka ahaa Dr. Cabdirashiid Cali Sharmaarke; shan iyo tobankii biloo ee ay jirtay, Luulyo 1967 - Oktoobar 1969, lagama hayo qorshe iyo waxqabad ku aaddan xallinta arrintii murugsanayd ee farta Soomaaliga.

---

33. Warsame, A. A. 2001

1.4: ARRIMIHII KU HAREERAYSNAA GO'AANKA GAARISTA FARTA

Isla maaalintii ay ciidammadu la wareegeen awoodda dalka 21^{kii} Oktoobar 1969, waxay soo saareen Baaqii Koowaad ee Kacaanka oo ay ku qeexeen siyaasadda ay dalka gudihiisa ku dhaqayaan iyo midda ay ku waajahayaan xiriirka adduunweynaha. Baaqaasi ayay ku tilmaameen in la "ciribtiri doono akhris-qoris la'aanta" iyo in "mudnaanta la siin doono taabbagelinta xaaladaha saldhigga u ah qorista afka Soomaaliga" (*BOLLETTINO UFFICIALE DELLA REPUBBLICA SOMALA Suppl. N. 7 Al N. 7 Del 21 Luglio, 1969*).

Laakiin hirgelinta barnaamijkaasi ma noqon mid aad u fudud, oo waxay ku qaadatay muddo saddex sano ah inay go'aan kamadambays ah ka gaaraan arrinta farta. Waxaa mudan in si cad loo tilmaamo in taliskii militariga uusan dhaxlin oo keliya xaalad la la'yahay go'aan siyaasadeed oo ku saabsan farta Soomaaliga, ee nasiibdarro ay weli maqnayd talo farsamo oo ay ku midaysan yihiin xeeldheerayaasha afka laftirkooda, ha ahaato nuuca farta la qaadanayo ama habqoraalka.

Waxaa la wada qirayaa in awooddiisi adkayd ee militari ay talisikii cusbaa u suurtagelisay in 21ki October 1972, si aan kadabahadal lahayn, uu u xalliyo dhibatooyinkii ku gudbanaa helidda far Soomaaliyeed. Waxaa halkaasi ku soo afjarmay dooddii socotay muddada labaatanka sano ahayd, 1950-1970, ee ku saabsanayd fartii af Soomaaliga lagu qori lahaa iyo afka rasmiga ah ee maamulka dalka looga dhaqmi lahaa. Waxaana billowday waa cusub oo afka Soomaaliga loo adeegsanayo dhinaca tacliinta, maamulka dowladeed, garsoorka iyo casriyaynta afka si dalku ula jaanqaado horumarka adduunka.

Wax badan lagama oga sida Golihii Sare ee Kacaanka uu ku gaaray go'aanka farta. Waayo waayahaasi wax waliba oo siyaasad ku lug leh waxay ahaayeen qarsoodi aan si furan looga hadli karin. Su'aalaha ahmiyadda taariikheed leh waxaa ka mid ah: Maxaa dhacay muddadii saddexda sano ahayd ee ka horreysay ku dhawaaqidda go'aanka? Maxay ahaayeen fikradihii ka dhexjiray intii go'aanka wax ku lahayd? Immisa far ayaa miiska xulashada saarnaa? Haddii farta la qaatay ay ahayd tii Shire Jaamac, sidee ayay uga soo dhex baxday tartanka oo ay ku noqotay tii rasmiga ahayd ee la qaatay? Kaalin nuucee ah ayuu Guddigii Afka ku lahaa go'aanka farta la qaatay? Ma jireen arrimo kaloo aan farsamo ahayn oo saamayn ku yeeshay go'aanka?

Sarreeye Gaas Jaamac Maxamed Qaalib, oo Taliyaha Ciidanka Booliska ahaa 1970-74, jagooyin wasiirnimana soo qabtay 1974-1984, wuxuu sheegay in tallaabadii ugu horraysay ee goluhu uu u qaado dhinaca farta Soomaaliga ay ahayd in cilmibaarayaashii afka uu midmid uga dhageysto warbixin. Ka dib goluhu wuxuu qabsaday kulankii ugu horreeyay ee arrinta farta looga doodo. Jaamac Maxamed Qaalib wuxuu sheegayaa in nasiibdarro go'aan midaysan uu ka soo bixi waayay shirkaasi markii xubnuhu ay ku kala qaybsameen xulashada farta ugu habboon, sidaas darteed ayay dib ugu dhigeen Go'aan ka gaaridda arrintaas.[34]

Inj. Cabdulqaadir Adan Cadde, oo xubin ka ahaa Golihii Wasiirrada (oo markaa loogu yeeri jiray Xogahayeyaal) ee ugu horreeyay oo ay magacaabeen Golihii Sare ee Kacaanka, ayaa xog dhammaystiran naga siinayaa dhacdooyinkii billowga ahaa ee 1970ki ee la xariiray go'aan ka gaarista farta.[35] Dooddi ugu horreeysay waxay ka dhacday shir uu lahaa Golihii Wasiirrada oo Wasiirkii Waxbarashada, Dr Xasan Cali Mire, uu ka soo jeediyay in la qaato farta *Cusmaaniya*-da.

Dooddaasi ma noqon mid si sahlan looga baxo, oo waxay qaadatay muddo toban beri ku dhow, waxayna khasabtay in lagala kaashado qaar ka mid ah xeeldheerayaashii Soomaaliyeed ee guddiyadii hore ku jiray oo warbixinno laga dhageysto.

Walow Siyaad Barre, oo shirka wasiirrada guddoominayay, uu warkiisa ku daray inay habboontahay in farta Carabiga la qaato (labadii xubnood ee kale ee Golaha Sare ka tirsanaana ay ku raaceen) haddana labada far ee la isbarbardhigay waxay ahayeen *Cusmaaniya*-da iyo *Latin*-ka. Ugu dambaystii waxay isugu biyashubatay in xubnaha kaloo dhan ay u codeeyaan *Cusmaaniya*-da, marka laga reebo Inj. Cabdulqaadir Aadan oo kolkii laga codsaday inuu inta badan raaco dalbay in diiwaanka la geliyo diidmadiisa. Inj.

---

34. Dhaxalreeb, 2021
35. isla ishan, 2022

Cabdulqaadir wuxuu sheegayaa inuu ka mid ahaa dhallinyaradii Goosanka oo si fiican u adeegsan jirtay *Cusmaaniya*-da, laakin mar dambe uu qof ahaan ku qancay in *Latin*-ka uu kaga habboonyahay marka la tixgeliyo xaaladaha farsamo, dhaqaale iyo hammiga teknolojiyadeed ee ummadda. Go'aankiii Golaha Wasiirrada ma noqon mid dhaqangala, waayo waxaa ansixin waayay Golahii Sare ee Kacaanka oo lahaa talada kamadambaysta ah.

Isla bishaasi doodda siyaasadeed ay soo xirantay, Jannaayo 1970, kuna aaddanayd saddex bilood ka dib markii xukunka ay la wareegeen militariga, ayuu Golihii Sare magacaabay Guddiga Af Soomaaliga oo loo diray inay muddo sagaal bilood ah ku diyaariyaan saddex arrimood: (i) buugaag dugsiyada hoose loogu talagalay, (ii) naxwaha af Soomaaliga, iyo (iii) qaamuus[36], iyadoo guddiga loo madaxbannaaneeyay adeegsiga seddaxdii farood ee muhiimka ahaa ee markaas jiray.[37] Guddiga wuxuu warbixintiisa u gudbiyay Golihii Sare ee Kacaanka bishii Oktobar 1971.

| 1.5: | KAALINTII GUDDIGA AF SOOMAALIGA 1970-1971 |

Waa muhiim in la qeexo kaalintii Guddiga Afka uu ku lahaa go'aanka farta laga gaaray. Aw Jaamac Cumar Ciise, oo xubin guddiga ahaa, wuxuu xasuustaa in saddex jeer keliya uu Siyad Barre ugu yeeray kulan, oo midkoodna ahayn shir rasmi ah oo looga doodayo arrimaha farta.[38] Aw Jaamac wuxuu sheegay in Golihii Sare ee Kacaanka uu isaga la yimid farta, asagoo kaashanaya Wasiirka Waxbarashada; "annagana waa noo yimaadeen, fikradna waa na weydiiyeen, waxbayna naga qaadqaateen," ayuu kaalintooda guddinimo ku soo koobay. Inkasta oo Guddiga Af Soomaaliga xilkii loo aasasay uusan ka mid ahayn inuu ka shaqeeyo doorashada farta af Soomaaliga,[39] haddana waxaa cad in saamaynta ugu weyn uu ku lahaa xulashada nuuca farta uu go'aamiyay Golaha Sare ee Kacaanka. Waxaa arrintaasi buuggiisa "Halgankii loo galay qoridda af Soomaaliga" (1949-1972) si qotadheer ugu faahfaahiyay

---

36. Mustafa C. Feyrus & Cabdulqaadir N. X. Maax 2018.
37. *Andrzejewski*, B. W. 1978
38. Sollas Media, 2014
39. Warsame, A. A. 2001

Dr Shariif Saalax, oo ahaa Guddoomiyaha Guddiga af Soomaaliga, islamarkaana ahaa Guddoomiyaha Jaamacadda Ummadda Soomaaliyeed, markii dambana qabtay xilka Wasiirka Tacliinta Sare.

Guddiga marna ma noqon mid la dhufaanay oo hindise isaga uu leeyahay aan ku howlgelin. Ayadoo loo fasaxay in qof waliba farta uu rabo ku shaqeeyo, ayuu haddana mudnaanta koowaad siiyay in guddi ahaan uu ku shaqeeyo far ay xubnuhu isla oggolyihiin. Dr. Shariif Saalax wuxuu qorayaa:

> "Farta 90% Guddigu ku howlgalay waxay ahayd *Latin*-ka [*roman script*], xubnaha badidoodana ay ayidsanaayeen. Guddiga af Soomaaliga isagaa rasmiyeeyay, oo sal-dejiyay xarfaha *Latin*-ka soo socda: A, AA, B, C, D, DH, E, EE, F, G, H, I, II, J, K, L, M, N, O, OO, Q, R, S, T, U, UU, W, X, Y, (hamza)".

Tani waxay markhaati ka tahay in Golaha Sare uusan meel cidla ah wax ka keenin, ee ra'yiga ah in *Latin*-ka la qaato uu ka dhashay howshii Guddiga af Soomaaliga. Su'aasha maanka ku soo dhacaysa waxay tahay: immisa far ayuu guddiga isbarbardhigay markuu xulanayay *Latin*-ka? Cilmibaare Samatar Cabdi Jabane ayaa barnaamij TV (8 Sep 2021 barta *Youtube*-ka la soo dhigay) ku soo bandhigay shax uu ku doodayo inay tahay tii asalka ahayd oo muujinaysa "18kii qof ee tartanka ka galay 1972kii" markii guddigu uu xulashada waday.[40] Shaxdiisa wuxuu ka magacdhabayaa 14 ka mid ah: 3 Far *Latin* watay: Shire Jaamac Axmed, Cabdi Kheyre Cawaale iyo Xaliimo Maxamed Cali; 4 Far Carabi wadatay: Muuse Galaal, Sheekh Axmed Iimaan, Ibraahim Xaashi, iyo Maxamed Cabdi Khayre; iyo 7 ka mid ah 11 kale oo la yimid Far Soomaali, oo inta shaxda Samatar Cabdi Jabane ka muuqata ay ka mid yihiin: Xuseen Sheekh Axmed Kaddare, Cabdulqaadir Cadde, Sheekh Cabdiraxmaan Qaadi, Cismaan Yuusuf Keenadiid, Mustafe Sheekh Xasan, Daa'uud Maxamed, iyo Cali Sheekh Qudbi.

Samatar Cabdi Jabane ma uusan tilmaamin halka uu ka soo xigtay liiska uu soo bandhigay ee uu sheegay in Guddiga af Soomaaliga uu adeegsaday.

---

40. MM Somali TV, 2021

Laakiin waxaa la ogyahay in Muuse Galaal uu mar hore ka soo gudbay u doodista farta Carabiga, oo 1972 uu ahaa nin u doodayay farta *Latin*-ka.

Tirada 18 gaaraysa ee lagu sheego inay ahaayeen farihii Soomaalidu adeegsatay ee Guddiga af Soomaaliga la horgeeyay, waxaa isna soo hadalqaaday jiritaankooda *Mauro Tosco* oo ka soo xigtay *Thomas Labhan*.[41] Dr Shariif Saalax, oo ahaa xogogaal goobjoog u soo ahaa dhacdooyinka la xariira farta, marna buuggiisa kuma soo hadalqaadin liis guddiga uu diyaariyay oo tilmaamaya tirada faraha kor lagu soo xusay. Wuxuu sheegay in farta *Latin*-ka iyo tan *Cusmaaniya*-da la hor keenay guddiga. Waxaa jiray labo far oo kale, *Kaddariya* iyo *Konton Barkadle*, oo ay kala lahaayeen Xuseen Sheekh Axmed Kaddare iyo Mustafe Sheekh Xasan Cilmi, oo fursad u haystay inay guddiga hordhigaan (maaddaama ay xubno ka ahaayeen) laakiin aan sidaasi yeelin. Dr. Sharif Saalax wuxuu carrabaabayaa muhiimadda farta Carabiga iyo cilmibaarihii horseedka ka ahaa, Sheekh Ibraahim Xaashi Maxamuud, laakiin ma sheegayo in guddiga la hor keenay iyo in kale. Halkaasi waxaa ka cad in guddiga uu tixgelinta siiyay oo keliya farihii caddaymahooda laga soo jeediyay guddiga hortiisa.

1.6: YAA LAHAA FARTA RASMIGA LOO QAATAY?

Waa tee farta *Latin*-ka ee la qaatay? Markii Guddiga af Soomaaliga uu howsha billaabay Jannaayo 1970, farta *Latin*-ka waxay maraysay heer ay dad badan ay gaartay oo ay jireen qoraallo dhowr ah oo ku soo baxay *Latin*-ka. Qoraallada Soomaaliya laga qoray ee uu 1969 aruuriyay *Johnson, J. W.* waxaa ku jiray 4 gebi ahaanba fartaasi lagu qoray, oo ka baxsan Wargeyskii Billaha ahaa ee "Iftiinka Aqoonta" ee Shire Jaamac uu soo saari jiray 1966-1967, iyo "Wargeyska Soomaaliyeed" ee 1957 laba jeer keliya soo baxay.

Waa run, sida uu qoray Axmed Faarax Idaajaa, oo xiganaya warbixintii UNESCO ee 1966, in xeeldheerayaasha Qaramada Midoobay ay soo jeediyeen in haddii farta *Latin*-ka la go'aansado ay habboontahay in la qaato "nidaamka" Shire Jaamac uu adeegasaday. Waxaase taasi ay raaciyeen in loo

---

41. Labahn, T. 1982

baahanyahay in beddel yar lagu sameeyo, tusaale ahaan in 'c' iyo hamsa laga soo qaato nidaamka Muuse Galaal.[42] Tilmaamidda baahida loo qabo in la sii hagaajiyo farta Shire Jaamac, waxay muujinaysaa in farta Shire ay mustaqbal fiican lahayd, haseyeeshee, aysan 1966 weli soo gaarin heer dhammaystiran. Idaajaa wuxuu 2012 waraysi ku leeyahay: "1965 buug uu soo saaray [Shire Jaamac] ayaa sida maanta aan u qorno u qoramba."[43] *Andrzejewski*-na wuxuu soo tabinayaa inay ahayd sanooyinkii dambe ee Shire Jaamac uu ku howlanaa soo saaridda wargeyskii Iftiinka Aqoonta, 1966-1967, markuu xarafka 'ch' uu u beddelay "x" da hadda la adeegsado.[44] Tani waxay muujinaysaa in farta *Latin*-ka ee Shire Jaamac ay dhammaystirnayd markii xukunka militariga uu yimid.

Marka la eego farta Golaha Sare ee Kacaanka uu xeerka ku soo saaray, oo ah tan maanta rasmiga ah, waxaan muran geli karin inay tahay tii uu horumariyay Shire Jaamac ee uu ku qori jray wargeyskii Iftiinka Aqoonta.[45] Waxaa taasi ka maragkacaya bogga saddexaad ee "Iftiinka Aqoonta" ee soo baxay 10 Nofembar 1966, oo Furaha Farta loogu faahfaahiyay shaxda 1 ee soo socota. Waxaa kaloo cad in Guddigii af Soomaaliga uu fartaasi sideeda u oggolaaday, marka laga reebo habqoraalka hamsada, oo halka Shire uu u qoray ("), uu guddigu ka dhigay ('), sida ku cad buugga Dr. Shariif Saalax.

---

42. *Andrzejewski*, B. W., Strelcyn, S., & Tubiana, J. 1966
43. Somali Channel TV, 2012
44. *Andrzejewski*, B. W. 1978
45. Axmed, S. J. 1966

FARTA FURAHEEDA

Dhawaaqa gaaban: a   i   e   o   u
Dhawaaqa dheeer: aa ii ee oo uu

XURUUFTA

Xarafka				Erayga
b		— waa bir	— waa bal	— waa bad
t		— waa tin	— waa tog	— waa takar
j	ج	— waa jiis	— waa jid	— waa jaad
x	ح	— waa xaas	— waa xil	— waa xishood
kh	خ	— waa khamro	— waa khad	— waa khayr
d		— waa duub	— waa dab	— waa dil
r		— waa rabi	— waa run	— waa ruun
s		— waa sin	— waa sun	— waa suun
sh	ش	— waa shan	— waa shib	— waa shir
dh	ط	— waa dhir	— waa dhul	— waa dhal
c	ع	— waa caro	— waa ceel	— waa ciil
g		— waa giddi	— waa gal	— waa goob
f		— waa faras	— waa fal	— waa fallar
q	ق	— waa qab	— waa quud	— waa qool
k	ك	— waa kaab	— waa kulayl	— waa koob
l		— waa laar	— waa lun	— waa labo
m		— waa maro	— waa maal	— waa miis
n		— waa nabar	— waa nal	— waa naag
w		— waa war	— waa wan	— waa wiil
h		— waa hooyo	— waa hal	— waa hadal
y		— waa yey	— waayar	— waa yaanbo
"		— waa ri'	— lo"	— waa la"aan

SHAX 1	*Xuruufta Far Soomaaliga la qoray*

1.7: SHIRE JAAMAC AYUU KA KEENAY FARTA?

Waxaa in la isweydiiyo mudan halka uu Shire Jaamac ka keenay fikradda ah in af Soomaaliga lagu qoro farta *Latin*-ka. Ma isagaa curiyay oo ahaa qofkii ugu horreeyay ee adeegsada fartaasi, mise waa looga horreeyay? Haddii looga horreeyay, yaa laga xusi karaa cilmibaarayaashi isaga dhabbaha u xaaray? Ma sidii uu ku helay ayuu u soo qaatay, mise dib ayuu u habeeyay? Waa maxay waxyaabaha ugu waaweyn ee uu ku soo kordhiyay qoridda afka ayadoo farta *Latin*-ka la adeegasanayo?

Cilmibaaris af Soomaaliga diiradda lagu saarayo tii ugu horraysay ee dalka gudihiisa lagu sameeyo waxay ka dhacday *Somaliland* dabayaaqadii gumeysiga Ingiriiska. *Andrzejewiski* wuxuu qoray "1948, *C.R.V. Bell*, oo ahaa Agaasimaha Waaxda Waxbarashada ee Maxmiyaddii Ingiriiska ee *Somaliland*, ayaa wuxuu ku dhaqaaqay mashruuc cilmibaariseed oo lagu baarayo sida ay suurtagal u tahay in la helo qaabqoraal af Soomaaliga uu leeyahay, wuxuuna hagidda u xilsaaray *J.R. Firth*, oo ahaa Madaxa Waaxda Cilmiga Codadka iyo Afafka ee Dugsiga Daraasaadka Bariga iyo Afrika (SOAS) ee ka tirsanayd Jaamacadda London."[46] Mashruucaasi, oo ay wadajir uga shaqeeyeen *Andrzejewski* iyo Muuse Galaal, waxaa saamayn xoog leh ku yeelatay daraasaddii af Soomaaliga ee *Lilias Amstrong* ay samaysay 1934 oo wax weyn ku soo kordhisay dhawaaqyada iyo qoridda shaqallada.[47] Labada cilmibaare waxay 1951 booqasho ku tageen Muqdisho, halkaasoo ay kula kulmeen cilmibaarayaashii kale ee daneynayay far Soomaaliga. Howshoodii marka ay dhammaysteen waxay qoreen warbixin ay ugu magacdareen "Soojeedinno ku saabsan farqoraalka Soomaaliga."[48] Waxay warbixintooda cilmibaaris ku soo jeediyeen taladii ay ka qaateen *Amstrong* oo ahayd in shaqallada dhaadheer ay noqdaan kuwa gaagaaban oo labajibbaaran – sida: 'a' iyo 'aa'; guud ahaantoodana ay noqon karaan shan gaagaaban iyo shan dhaadheer. Waxay soo jeediyeen xarfaha 'sh' iyo 'kh' (oo horey u jiri jiray, Amstrong-na ay ka leexatay) iyo nuucii hamsada Amstrong oo ay dhinaca bidix u jeediyeen. *Andrzewiski* wuxuu ku cataabay: "Warbixinteenna weligeed laguma dhaqmin, maaddaama waayahaasi dadweynaha Soomaaliyeed ay aad

---

46. *Andrzejewski*, B. W. 1978
47. *Andrzejewski*, B. W. 1972
48. *Andrzejewski*, B. W., & Musa, H. I. Galaal 1952

uga soo horjeedeen farta *Latin*-ka."[49]

Muuse Galaal iyo *Andzejewski* waxay sii wadeen cilmibaaristooda sanooyinkii 1952-1956. Sannadkii 1956 waxay ka wada shaqeeyeen buugga Hikmad; waxay kaloo 1962 soo saareen maqaallo lagu daabacay wargeys-cilmiyeed. Waxay beddeleen xuruufihii la isticmaalayay qaar oo waxay qaateen 'dh', 'ch' (oo u taagnayd 'x'-da maanta la adeegsado, oo iyaga ay hindisahoodi hore *ħ* xarriiqin la saaray u ahayd), iyo *c* (oo sadarka kor uga qaadnayd). Waxay kaloo meesha ka saareen xarfihii la xardhaayay si loo kala saaro halka culayska carrabka uu saaranyahay.

Howshii cilmibaariseed ee *Andrzejewiski* iyo Muuse Galaal waxay sii hagaajisay fartii *Latin*-ka ee shisheeyaha ay billaabeen inay af Soomaaliga qoristiisa u adeegasadaan qarnigii 19aad. *Andrezejewiski* wuxuu 1978 ka hadlay xiriirka howsha labadooda cilmibaare iyo tii uu qabtay Shire Jaamac, asagoo sidan u dhigay: "Maqaalladii [1962] aan qornay aad uma faafin, waxayse gaareen qaar ka mid ah dadkii horseedka ahaa ee danaynayay qoridda afka. Waxaa ka mid ahaa Shire Jaamac." Wuxuu intaa raaciyay xog muhiim ah oo ah in farta uu Shire Jaamac ku qoray buuggii uu soo saaray 1965 (Shire Jaamac Achmed: Gabayo, maahmaah iyo sheekooyin yaryar, Mogadishu, *National Press*) ay ahayd isla tii *Andrzejewiski* iyo Muuse Galaal ay qoridda gabayada ugu adeegsadeen maqaalkoodi 1963 ee cinwaankiisu ahaa "*Somali Poetic Combat*".[50] Sannadkii xigay dhammaadkiisa, Nofembar 1966, ayuu Shire isbeddel yar ku sameeyay fartii Galaal iyo *Andzejewiski*, kolkaasoo uu xarafka *ch* u beddelay *x*. Dadaalkii Shire Jaamac uu ku soo saaray buuggiisa, una maamulay wargeyskii Iftiinka Aqoonta, waxay dhalisay in fartii *Latin*-ka ay noqoto mid aad dadka u gaartay. *Andzejewiski* wuxuu tilmaamayaa in arrintaasi ay fursad u noqotay in farta tijaabo ay gasho oo la arki karo haddii ay jirto baahi ah in la sii hagaajiyo.[51]

---

49. *Andrzejewski*, B. W., & Musa, H. I. Galaal 1952
50. *Andrzejewski*, B. W., & Musa, H. I. 1963
51. *Andzejewiski*,1987

1.8: GUULIHII KA DHASHAY QORISTA FARTA

Hirgelinta farta Soomaaliga waxay qayb ka noqotay qorshaha horumarinta qaranka. Ololihii Maarso-Maajo 1973 ee shaqaalaha dowladda lagu barayay qorista farta waxaa islamarkiiba lagu xijiyay la dagaallanka qoris-akhris la'aanta ee dadka magaalooyinka deggan; waxaana ka faa'iiday dad lagu qiyaasay 400,000 qof, halka ololihii horumarinta reer miyiga ee Agoosto 1974 – Febraayo 1975 ay imtixaanka gudbeen 795,099 oo u dhigmay 86 boqolkiiba intii u fariisatay imtixaanka oo qayb ka ahaa 1,257,779 qof oo qaatay casharradii ololaha reer miyiga.[52] Aradaydii macallimiinta ka noqday ololaha waxay tiradooda ahayd 15,681 iyagoo ay weheliyeen 416 farsamayaqaanno xannaanada xoolaha iyo 497 shaqaale caafimaad.[53] Sidaasi darteed, far-barashada ka sokow ololahaasi waxaa laga faa'iiday in 1,612,241 bukaan ay helaan dawo, 1,418,798 qof la tallaalo, 11,048,176 xoolo la daaweeyo, 2,323,670 neefna la tallaalo. Kharashka ku baxay ololaha horumarinta miyiga wuxuu dhammaa 3.4 malyan dollar oo 25 boqolkiiba loo qoondeeyay Wasaaradda Waxbarashada.

Inkastoo qorayaasha: *Latin*, Samatar, *Casinelli* iyo Cabdulqaadir ay u haystaan in laga badbadiyay heerka boqolkiiba 55,[54] ama 70,[55] oo ay xiganayaan in dowladdu ay ku sheegtay in akhris-qorista dadweynaha laga gaaray, haddana Wasaaradda Waxbarashada waxaa 1975 la guddoonsiiyay Abaalmarinta UNESCO, ayadoo lagu maamuusay horumarka ay ka gaartay akhris-qoridda.[56]

Waxaa cad in guusha ololaha reer miyiga ay aad u muuqato marka loo barbardhigo ololayaal la nuuc ah ee qoris-akhris oo ay wadajir u taageerayeen UNESCO iyo UNDP, lagana fuliyay 10 dal muddadii 1966-1973.[57] Tirada guud ee ardayda laga diiwaangeliyay 5 dal oo ka mid ahaa mashruuca ayaa

---

52. Bhola, H. S. 1984
53. Isla ishan
54. Samatar, A. I. 1987
55. Cassanelli, L., & Abdikadir, F. S. 2007
56. Hoben, S. J. 1988
57. UNESCO/UNDP, 1976

ahayd 625,100 halka ay imtixaanka ay ku gudbeen 33 boqolkiiba tiradii u fariistay oo gaareysay 374,600. Ololaha Soomaaliyeed waxaa lagu hirgeliyay muddo 8 bilood keliya, wuxuuna dhalay natiijo aad uga sarraysa iskudarka kuwa dalalkan laga fuliyay oo shan sano socday.

Sannadihii 1975 iyo 1976 dowladdu waxay qasab ka dhigtay waxbarashada aasaasiga ah oo lacag la'aan lagu dhiganayo. Qorista farta Soomaaliga waxay dhalisay in muddo toddobo sano ah, 1972-78 tirada dugsiyada H/dhexe ee dalka ay kor u kacdo in ka badan boqolkiiba 400; tirada ardaydana ay lix-jibbaaranto, marka loo barbardhigo xaaladdii 1972.[58]

Afku wuxuu sii korayay ilaa dhammaadkii sagaashaneeyadii, walow dabayaaqadii ay ku yimaadeen caqabado badan oo gaabis keenay; UNESCO waxay heerka akhris-qoridda Somaalia ku sheegtay inuu gaaray boqolkiiba 45. Halkaas waxaa ku baaqday marxaladdii saddexaad ee markii hore loo qorsheeyay in reer miyigii ku guulaystay akhris-qoridda loo furo barnaamij waxbarasho oo gaarsiiya ilaa fasalka afaraad.

1.9: GAABISKII SIDDEETANAADKII

Susan Hoben (1988) oo wax ka sheegtay waxa dhacay ololihii ka dib, waxay qortay: "Dowladdu waxay ku guuldarraysatay inay horumariso howlihii la rabay inay daba joogaan ololaha sida: daabacaadda qoraalladii la akhrisan lahaa, barnaamij waxbarasho midaysan oo loogu talagalay dadkii akhris-qoridda la baray, iyo iskuduwidda buugaagta waxbarasho ee ay soo saaraan wasaaradaha: Beeraha, Caafimaadka, Xannaanada Xoolahaha ama Horumarinta Miyiga oo la gaarsiyo meelaha ka baxsan Caasimadda."

Abaartii 1974 ee hakisay ololihii horumarinta reer miyaga, dagaalkii Itoobiya lala galay ee 1977 iyo qaxootigii xoogga lahaa ee ka dhashay waxay carqadaleeyeen horumarkii laga filayay in laga helo adeegsiga af Soomaaliga.[59] Dagaalladii dhexmaray taliska iyo jabhadihii abuurmay waxay gebi ahaanba meesha ka saareen horumarkii dalka uu samayn kari lahaa.

---

58. Warsame, A. A. 2001
59. Cassanelli, L., & Abdikadir, F. S. 2007

1.10: DIBUDHACA FARTA IYO AFKA KU YIMID TAN IYO 1991

Burburkii dalka ka dhacay sannadkii 1991 ayaa sababay kalago' ku yimid dadaalladii isku xirnaa, muddada dheerna socday oo lagu horumarinayay af Soomaaliga. Taasi waxay keentay dayac ku dhacay af Soomaaliga qoraal ahaan iyo hadal ahaanba. Maanta qof waliba sida ay la tahay ayuu wax qoraa, cid yar ayaa garanaysa sida saxda ah ee loo qoro. Dhinaca kale, kuhadalka waxaa saamayn xoog leh ku yeeshay afka Ingiriisiga, oo qofkii toddoba erey ku hadla saddex ka mid ah waa Ingiriisi. Sidaas darteed, af Soomaaliga waxaa soo foodsaaray dibudhac keenay in laga welwelo badbaadadiisa.

Bulshada, gaar ahaan indheergaradka ayay arrintaasi taabatay, ayadoo gaartay heer ay meel sare ka gashay doodaha taagan ee soo jiitay dareenka dadweynaha. Tusaale ahaan, waxaa yaraaday dadka danaynaya inay wax ku qoraan af Soomaali. Sidoo kale, xafiisyada dowladda iyo kuwa hay'adaha gaarka loo leeyahayba waxaa ku yaraaday adeegsiga af Soomaaliga marka la eego qoraallada muhiimka ah, sida warbixinnada, iwm; ayadoo ay beddelkiisa soo xoogaysanayaan afafka qalaad.

Inkastoo da'yarta soo kacaysaa tahay cidda ugu nugul dhibaatadaas af Soomaaliga haysata, haddana cidina kama bedqabto oo waxaa muuqata inay cid walba saamaysay; tusaale ahaan, madaxda qaranka oo ah tusaale bulshadu ku dayato ayaa mararka qaar la arkaa iyagoo afaf qalaad ku labaya af Soomaaliga, tiiyoo ay fagaare ka hadlayaan ama ka khudbaynayaan, taasina waxay muujinaysaa heerka ay dhibaatadu gaarsiisantahay.

Indheergaradka qaarkood waxay oddorosayaan in dhibaatadaas af Soomaaligu la daalaadhacayo ay mustaqbalka khatar ku keeni karto dhaqanka iyo jiritaanka ummadnimo ee dadka Soomaaliyeed, haddii aan la qaadin tallaabooyin degdeg ah, waxtarna leh oo lagu badbaadinayo af Soomaaliga.

Xarunta Horumarinta Hoggaaminta Dhaxalreeb waxay ka shaqaysaa iskuxirka jiilkii hore iyo jiilka manta, waxayna ka reebtaa haldoorrada ummadda Soomaaliyeed cilmiga, aqoonta iyo waayo-aragnimada maskaxdooda ku duugan. Xaruntu waxay diyaarisaa fursado iyo fagaarayaal ay aqoonta iyo waaya-aragnimada isugu gudbiyaan jiilkii hore iyo jiilka cusub ee aqoonyahannada Soomaaliyeed. "Jiilkii Hore" waxaa loola jeedaa ragga iyo haweenka wax bartay xilliyadii dowladnimada xoogga leh la haystay, islamarkaana leh khibrad shaqo iyo waaya-aragnimo ballaaran; waxaa kaloo ka mid ah ragga iyo haweenka aqoonta iyo waaya-aragnimada bulshada ay ka kasbadeen darteed ku caanbaxay indheergaradnimo iyo afkaarwanaag.

1.11: ARRIMAHA HADDA TAAGAN EE HORUMARINTA AFKA IYO FARTA

1.11.1: AF SOOMAALIGA: MA HAL BAA MISE DHOWR?

Arrimihii taliskii militariga looga soo horjeestay, dagaalka sokeeyana uu ka billowday, waxaa ugu weynayd dood siyaasadeed oo lagaga cabanayay caddaaladdarro baahsan oo ka timid dheellitirla'aanta kaqaybgalka awoodda dowladnimo. Burburkii dowladdii militariga ka dib, waxaa durbaba doodda lagu soo daray dhaliil ku saabsan sida taliska uu u waajahay ururinta suugaanta dadka Soomaaliyeed. Codka dhaliisha wuxuu ka imanayay gobollada koofurta oo ku andacoonayay in gobollada dhexe iyo kuwa waqooyi ay saamayn weyn ku lahaayeen dejinta iyo hirgelinta siyaasadda afka iyo xulashada suugaanta dugsiyada laga dhigo ama warbaahinta laga sii daayo; sidaas darteedna lahjadaha iyo suugaanta gobollada qaarkood aysan helin tixgelintii ay mudnaayeen.

Dooddaasi weli lama gunaanadin. Taarikhyahan Barfasoor Maxamed Xaaji Mukhtaar wuxuu buuggiisa "Habka Cilmiga ee Baarista Taariikhda Somalida" ku tilmaamayaa in far Soomaalida la qaatay ay ku "qoronto oo keliya afka Maxaatiri oo looga hadlo gobollada Shabeellada Sare, Mudug, Bari, gobollada Waqooyi, iyo qaybo ka mid ah jiinka galbeed ee webiga Jubba." Wuxuu intaas raaciyay in dowladdii militariga "ay af Maxaatiriga ku fidisay gobollada dadkooda ku hadlaan afaf kale: sida Jiiddada, Tunnida, af Maayga, Garraha, *Chimini*-ga, Dabarraha iyo kuwo kale." Barfasoor Maxamed Xaaji wuxuu ifinayaa taariikhda qoraalka far cusub oo loogu talagalay Maayga. Sannadkii 1994, waxaa shirweyne uu qabanqaabiyay

Urururka Cilmibaarista Webiyada oo lagu qabtay magaalada *Toronto* ee dalka *Canada*, lagu soo bandhigay far u gaar ah Maayga. Shirweyne kale oo la isugu yimid 2018 ayaa lagu magacaabay guddi kale oo ka shaqeeya midaynta farta.[60] Fartan waxay ka leexatay fartii Mustaf Sheekh Xasan uu 1940kii u allifay af Maayga, – oo Barfasoor Mansuur uu ku tirinayo inay ka mid ahayd farihii la horgeeyay guddigii af Soomaaliga.[61]

Fartan cusub oo lagu saleeyay iyana *Latin*-ka waxay ka koobantahay 34 xaraf oo isgu jira shibbane iyo shaqallo; waxayna leedahay toddob shibbane iyo hal shaqal oo aan laga helayn far Soomaalida rasmiga ah.

Barfasoor Maxamed Xaaji Mukhtaar, oo ka mid ahaa guddigii qoray Farta Maayga ee uu dhisay Ururka Cilmibaarista Webiyada, wuxuu qoray in "ururka xoogga uu saaray in lagu daro asbaabaha burburka Soomaaliya ay ka mid yihiin af iyo dhaqan kala duwanaanta bulshada Soomaaliya ee la inkirey. Wuxuuna ku guuleystay in Shirweynihii *Mbagathi*, 2002-2005, loo aqoonsado in af Maayga uu yahay af labaad ee Soomaaliya".[62] Wuxuuna tilmaamayaa in af Maayga uu "aad uga duwan yahay af Maxaatiri...ka[na] da' weyn yahay."

Haseyeeshee, xeeldheeraha afeed, Barfasoor Cabadalla Mansuur, wuxuu qabaa in Soomaalida ay ku hadasho hal af keliya, inta kalana ay yihiin lahjado.[63] Isagoo xiganaya xeeldheeraha afeed, *Marcello Lamberti*, ayuu tilmaamayaa in lahjadaha af Soomaaliga la isugu aruurin karo afar qayb: Maxaatiri, Maay, Banaadiri, Ashraaf iyo Digil. Lahjadaha Digilka waxaa ka mid ah Garraha, Dabarraha, Jiiddada, iyo Tunnida. Waa lahjadda Maxaatiri midda isu beddeshay afka rasmiga ah ee Soomaalida. Wuxuu sheegayaa inay jiraan saddex af, oo aan Soomaali ahayn (*Chimini*, Mushunguli, iyo Bajuuni) kana soo jeeda Sawaaxiliga, oo looga kala hadlo deegaannada Baraawe, tuulada Bandar Jadiid, iyo Jasiiradaha Kismaayo; kuwaasoo ah meelo aad u kooban marka la eego guud ahaan dhulka ay Soomaalida degto.[64]

---

60. Dhaxalreeb, 2023
61. Isla ishan
62. Isla ishan
63. Mansuur, 2017
64. BBC Somali Service, 2010

Barfasoor Mansuur sida soo socota ayuu u qeexayaa habka loo go'aaamiyo kala duwanaashaha afafka: Af walba wuxuu leeyahay ereyo, kuwaasoo marka la raadinayo xiriirka afafka loo kala qaado ereyada asalka ah ee u gaarka ah dadka afkaa ku hadla, iyo kuwa isdhexgalka bulshooyinka la isugu gudbiyo ee la kala ergaysto. Ereyada asalka ah ee afka (sida kuwa xubnaha korka tilmaamaya ama degaanka) ayaa ah kuwa loo adeegsado kalasaaridda ama xiriirinta lahjadaha iyo afafka. Waxaa loo kuurgalaa lahjadaha la isbarbardhigayo inta boqolkiiba ay wadaagaan. Haddii ay wadaagaan boqolkiiba 50 wax ka badan ereyada asalka ah waxay ka tirsanyihiin hal af, haddiise ay ka yaryihiin heerkaasi waxay noqonayaan laba af oo kala duwan. Barfasoor Mansuur wuxuu sheegayaa in marka la is barbardhigo Maay iyo Maxaatiri ay wadaagaan boqolkiiba siddeetan ereyada, halka lahjadaha Digilka (Garraha, Jiiddu, Tunni iyo Dabarraha) ay Maxaatiri la wadaagaan wax ka badan boqolkiiba konton - micnaha xoogaa ay dhaafayso xadkii lagu kala saari lahaa.[65]

Barfasoor Mansuur wuxuu intaa ku darayaa inaan faallo badan laga samayn qorista Farta Maayga, maaddaama aysan weli fari ka qodnayn u adeegsiga fartaas ururinta suugaanta dadka ku hadla Maayga. Barfasoor Mansuur wuxuu u arkaa in arrin la soo dhoweeyo ay tahay in Maayga uu fartiisa u gaarka ah yeesho.[66]

Haseyeeshee, wuxuu qabaa in toddobada shibbanayaasheeda dheeraadka ku ah cudurdaar loo yeeli karo oo keliya labada xaraf ee "**jh**" iyo "**gn**" oo ka tarjumaya dhawaaqyo farta Soomaalida ee rasmiga ah aan laga helaynin.

Xeeldheerayaasha cilmi-afeedka adduunka waxay kala saaridda af iyo lahjad ku tilmaamaan arrin muran uu ka dhasho oo aad u adag oo si sahlan aan loo qeexi karin.[67] Labaduba waxay yihiin qaabka war ahaan ay dadku isku dhaafsadaan afkaar, dareen iyo waxay jecelyihiin; afka rasmiga ahina mar ayuu ahaa lahjad.

Ururinta suugaanta waa in laga ballaariyo dhaqanka reer guuraaga oo

---

65. Dhaxalreeb, 2023
66. Isla ishan
67. Wichmann, S., 2020

hiddaha beeraleyda, kalluumaysatada, reer magaalka iyo ugaarsatada la qiimeeyo. Waxaa loo baahanyahay inaan la illaawin kaalinta ay lahjadaha iyo dhaqammada kala duwan ka qaadan karaan horumarinta afka iyo abuuridda ereybixinnada.

1.11.2: CID WALIBA SIDA AY RABTO AYAY U QORTAA: MA LA HELI KARAA HABQORAAL MIDAYSAN?

Waxaa la wada qirsanyahay in xaaladda qoraallada Soomaalida ee maanta ay aad uga duwantahay tii jirtay wakhtigii burburka ka horreeyay. Waxaa sannad kasta la daabacaa buugaag fara badan. Waxaa caado noqotay in magaalooyin kala duwan ee dalka lagu qabto bandhigbuugaageed sannadkiiba mar la isugu yimaado oo qorayaal da'yar ay u badanyihiin inta fagaaraha keenta howlahooda. Qoraalladaasi waxay isugu jiraan sheekooyin, suugaan, taariikh, cilmiga maamulka iyo maaraynta oo u badan tarjumaad. Waxaa kaloo jira maqaallo u badan siyaasad ee ku soo baxa bogagga baraha bulshada qaarkood. Waayadan dambe waxaa warisgaarsiinta ku soo biiray, oo si xoog leh loo adeegsadaa, fariimaha Taleefanka, *Whatsapp*, *Facebook* iyo *Twitter*.

Horumarka laga gaaray qoraalka xagga tirada waxaa barbar yaalla dhaliillo xoog leh oo la xariira tayada habqoraalka. Ka sokow adeegsiga xarfo aan ku jirin farta Soomaalida (sida p iyo z), iyo gefafka la xariira xarfaha labalaabma, waxaa muuqata in qof waliba sida ay la tahay uu wax u qoro. Kala duwanaashaha ugu weyn wuxuu ku salaysan yahay ereyada la kala qaadayo, kuwa la israacinayo iyo qaabka ay isu qaadanayaan.

Maqnaashaha habraac la wada ogyahay waxaa ugu wacan afar arrimood. Tan ugu horreysa, in dowladdii xanaanaynaysay ay burburtay ayadoo aysan far Soomaalida si wanaagsan u hanaqaadin. Howl qabyo ah ayay la kulmeen dhallinyaradii isku deyday qoraalka rasmiga ah ama kan xiriirka caadiga ah; jiilkii horana aasaas fiican ma lahayn. Labo, arrinta kale ee habqoraalka horumarka u diidday waxay tahay isbeddelka ku dhacay afka maamulka oo hay'adihii caalamiga ahaa ee dalka howlihiisa la wareegay ay ku beddeleen Ingiriisi. Saddex, dugsiyadii dhismay intii dagaalka sokeeye lagu jiray waxay iyana xoogga saareen in afka Carabiga ay ka dhigtaan afka waxbarashada. Afar, Soomaalida oo adduunyada u furantay heshayna fursado degganaasho qurbajoog, ganacsi iyo socdaallo kale.

Arrimahaani waxay keeneen in af Ingiriisiga iyo Carabiga si caadi ah loogu barxo af Soomaaliga, oo ugu yaraan boqolkiiba 30 ereyada ay adeegsadaan siyaasiyiinta iyo dadka caadiga ahba ay noqdaan kuwo shisheeye. Sidaas ayay far Soomaalida ku agoontoowday.

Su'aasha taagani waxay tahay sidee loo hagaajin karaa habqoraalka? Dhowr xeeldheere oo af Soomaaliga darsa ayaa dadaal ka geystay midaynta habqoraalka. Horseedka daraasadahan waxaa lagu tilmaami karaa Barfasoor Maxamed Xaaji Xuseen Raabbi oo macallin ka ahaa Kulliyaddii Waxbarashada ee Lafoole. Buuggiisa: Habka Qoraalka ee uu soo bandhigay 1977, wuxuu yahay weli mid la tixraaco. Waxyaabaha uu xoogga saaray waxaa ka mid ahaa: (i) in loo baahanyahay in qoraalka uu ka duwanaado qaabka hadalka (sida in la qoro 'waxa uu', halka 'wuxuu' lagu hadlo; ama 'ladanahaye' oo uu u qorayo 'ladan ahay ee', ama kumaad tahay hadala ah oo uu u qorayo ku ma baa aad tahay), (ii) in ereyada la kala qaadayo aysan keenin micnaha oo doorsooma.

Barfasoor Ciise Maxamed Siyaad wuxuu qabyaqoraalkiisa "Qaabqoraalka Lammaanaha" aasaaska ugu dhigay qeexidda magaca lammaanaha iyo habka loo qoro. Wuxuu dejiyay xeerka ereyada la isugu qaban karo ama xarriiqin loo dhexaysiin karo, sida guriyanoqosho, mahadcelin; cagabaruur, haruubgaal; abeesalugaley, faataadhugle,; bartilmaameed, beerroobaad; geeljire, habaarqabe; waraabaluggaab, Caashacarrabdheer; dabakarruub, deriskunnool; maangaab, badweyn; ilkacase, garbayare; ilma-adeer, balaaya-abuur; fiid-horor, is-arag. Cabdalla Mansuur iyo *Annarita Puglielli* (2018) waxay buuggooda "Barashada Naxwaha af Soomaaliga" dabacaddiisi koowaad (1999) ku sheeegen inuu ahaa kii ugu horreeyay ee "kooba naxwaha Soomaaliga"; waxayna tilmaameen in labaatan sano ka dib baahida loo qabo buug naxwe ay weli taagantahay, sidaas darteedna ay ugu talagaleen ardayda Soomaaliyeed oo "aan helin aqoon durugsan oo ku saabsan naxwaha afkooda hooyo." Sannadkii 2022 waxay Cabdalla Mansuur iyo Idiris

Maxamed Cali soo saareen buugdugsiyeed ay ugu magacdareen "Seeska Naxwaha af Soomaaliga".

Dadaalladaan uu hormuudka ka yahay Barfasoor Cabdalla Mansuur waxay caddaynayaan in laga bixi karo nidaamka jaantaarogan ee qofkii qalin qaataba siduu rabo uu wax u qori karo, oo la heli karo habraac midaysan. Boqolkiiba 73 arday tababar habqoraalka ka dhammaysatay Xarunta Dhaxalreeb, oo uu macallin u ahaa Barfasoor Cabdalla Mansuur, ayaa heerka habqoraalka saldhigay ee aan muran ka taagnayn ku qiimaysay inuu gaari karo boqolkiiba 70-90. Waa arrin hididiilo leh; waxayna xeeldheerayaasha afka ku dhiirrigelinaysaa cilmibaaris lagu dhammaystirayo midaynta habqoraalka.

1.11.3: HORUMARINTA AFKA: WAA MAXAY KAALINTA DOWLADDA?

Dowladdii militariga ma aysan qaadan oo keliya libta inay af Soomaaliga u heshay far lagu qoro, oo muddo labaatan sano ah muran uu ka taagnaa, ee waxay qayb weyn ka qaadatay horumarintiisa iyo casriyayntiisa. Taasina waxay ku timid siyaasaddii u adeegsiga af Soomaaliga nidaamka maamulka iyo waxbarashada. Barfasoor Mustafa Cabdullaahi Fayruus wuxuu ifinayaa ahmiyadda tallaabooyinkaas, asagoo tilmaamaya in go'aankaasi siyaasadeed uu "macno u yeelay farta...waxay keentay in shaqooyinka xafiisyada lagu qabanayay ereybixinno loo sameeyo," afkiina wuxuu noqday "mid xirfadaysan."[68] Waxaan halkaa ka garan karnaa in afka soo noolayntiisa maanta aysan iska iman karin haddii dowladda aysan xoog iyo hanti gelin. Waan in la helo siyaasado cadcad oo lagu xoojinayo adeegsiga af Soomaaliga dhinaca maamulka dowladeed iyo waxbarashada heerarkeeda kala duwan. Takhasuska barashada af Soomaaliga iyo cilmibaaris lagu horumarinayo waa inay ka muuqato tacliinta sare. Howshii ereybixinta waa in ahmiyad gaar ah la siiyo.

---

68. Dhaxalreeb, 2021

TIXRAACYADA MAQAALKAN

Andrzejewski, B. W. (1972). *Lilias Eveline Armstrong and her Discoveries in Somali Phonology*.

_____. 1978. *The development of a national orthography in Somalia and the modernization of the Somali language*. Horn of Africa.

_____. 1981. *The 19th century documentation of Somali oral literature*. In " L'Africa ai tempi di Daniele Comboni": Atti Del Congresso Internazionale Di Studi Africani, Roma, 19-21 Novembre *1981*. Istituto Italo-Africano, Missionari Comboniani.

_____. 1963. *Galaal 'A Somali poetic combat"*. Journal of African Languages, 2(1), 15.

Andrzejewski, B. W., & Musa, H. I. Galaal (1952). *Recommendation for A Somali orthography*. Colonial Development And Welfare Scheme R. 366, Lingusitic Research, Somaliland Protectorate. Unpublished Report

Andrzejewski, B. W., Strelcyn, S., & Tubiana, J. (1966). *Somalia, the writing of Somali*. Unesco.

Axmed, S. J. (1966). *Iftiinka-Aqoonta (Light of Education)*. Affar iyo tobnaadle (Fortnightly).

BBC Somali Service (2010). https://www.bbc.com/somali/war/2010/11/101105_mansuur

Bhola, H. S. (1984). *Campaigning for Literacy: Eight National Experiences of the Twentieth Century, with a Memorandum to Decision-Makers*. UNIPUB, 4611-F Assembly Drive, Lanham, MD 20703.

Bollettino Ufficiale della Repubblica Democratica Somala. N1, Anno 1. Mogadiscio, 21 Ottobre 1969. [Tarjumaadda Dhaxalreeb]

BOLLETTINO UFFICIALE DELLA REPUBBLICA SOMALA Suppl.

N. 7 al N. 7 del 21 Luglio 1969. (1969, July 21). https://www.uniroma3.it/.

Cali, A. F. (2014). *Shire Jama Ahmed: A pioneer of the development of Somalia's national orthography and collection of its oral literature.*

Cassanelli, L., & Abdikadir, F. S. (2007). *Somalia: Education in transition.* Bildhaan: An International Journal of Somali Studies.

Costanzo, G. A. (1960). *L'EDUCAZIONE: chiave dello sviluppo della Somalia.* Africa: Rivista trimestrale di studi e documentazione dell'Istituto italiano per l'Africa e l'Oriente, 15(3), 139-145.

Dhaxalreeb – Xarunta Horumarinta Hoggaaminta. QAYBTA 1aad| TAARIIKHDA DARAASAADKA AFKA SOOMAALIGA IYO QORISTIISA. Doodwadaaggan wuxuu ka kooban yahay saddex qaybood ayadoo lagu falanqayay Taariikhda daraasaadka Afka Soomaaliga iyo qoristiisa. [Video]. YouTube. La dhigay Juun 26, 2021. https://youtu.be/EoJALF8i7yshttps://youtu.be/EoJALF8i7ys

_____. QAYBTA 2aad| TAARIIKHDA DARAASAADKA AFKA SOOMAALIGA IYO QORISTIISA. Doodwadaaggan wuxuu ka kooban yahay saddex qaybood ayadoo lagu falanqayay Taariikhda daraasaadka Afka Soomaaliga iyo qoristiisa. [Video]. YouTube. La dhigay Juun 26, 2021.

_____. *Taariikhda Qorista af Soomaaliga iyo Marxaladihii uu soo maray | inj. Cabdulqaadir Aadan Cabdulle.* [Video]. YouTube. ladhigay Nofembar 27, 2022 https://youtu.be/_UAqev8m_BY

_____. *Taariikhda Qorista af Soomaaliga | Barfasoor Maxamed Cilmi Tooxow.* [Video]. YouTube. La dhigay Nofeembar 26, 2022. https://youtu.be/Obbxm2uZzmw?si=wft9JT6Cn4njWWrb

_____. 2023. *Af Soomaaliga ma dhowr af baa mise waa af iyo lahjado?.* Qaybta 2aad.

_____. 2023. *Af Soomaaliga ma dhowr af baa mise waa af iyo lahjado?.* Qaybta 1aad.

_____. *Taariikhda Qorista Afka Maay.* Qaybta 1aad.

Galaal, M. H. I. I. (1956). *Hikmad soomaali*. Oxford University Press.

Hoben, S. J. (1988). *Literacy campaigns in Ethiopia and Somalia: A comparison*. Northeast African Studies, 111-125. [Tarjumaadda Dhaxalreeb]

Johnson, J. W. (1969). *A bibliography of the Somali language and literature*. African Language Review.

Labahn, T. (1982). *Sprache und Staat. Sprachpolitik in Somalia*. Helmut Buske Verlag.

Maino, M. (1957). *Breve Storia della Lingua Somala*. Somalia d'Oggi, II, 2, Mogadiscio

Maxamed Xuseen Macallin (2021). *Taariikhda Culimada Soomaaliyeed*. Looh Press Ltd.

MM Somali TV. *DHIBCAHA TAARIIKHDA Q4AAD" Af-Soomaaliga lama qorin 1972-kii, waa Borobagaando lakin waxaa la qoray"* [Video]. YouTube. Streamed live 8 September 2021. https://www.youtube.com/live/PV0fM7Th_HY?feature=share

Mohamed Haji Mukhtar (2023). *Habka Cilmiga ee Baarista Taariikhda Somalida*. Sahel Press/Hipad.

Moreno, M. M. (1952). *La arinution et l'unification des langues en Somalie/THE MODERNIZATION AND UNIFICATION OF LANGUAGES IN SOMALIA*. Civilisations, 61-66.

Mustafa C. Fayruus iyo Cabdulqaadir N. X. Maax (2018). *Haldoor: taariikh-nololeedkii iyo dhaxal-cilmiyeedkii Shariif Saalax Maxamed Cali (1936-2014)*

Nilsson, M. (2022). *A few things about Somali*, University of Gothenburg, Department of Languages and Literature, Sweden.

Nottolini, E. (1989). *PROBLEMI DELL'EDUCAZIONE NEL TERRITORIO AGLI ESORDI DELL'AFIS: Il «Piano quinquennale per lo sviluppo dell'istruzione in Somalia 1951-52/1955-56»*. Africa: Rivista trimestrale di studi e documentazione dell'Istituto italiano per l'Africa e l'Oriente, 44(4), 635-647.

Pirone, M. (1967). *La lingua somala ei suoi problemi*. Africa, 198-209.

Prof Abdalla Mansur (2017). *The case of Somali Language.* Wardheer News. https://wardheernews.com/wp-content/uploads/2017/04/The-case-of-Somali-language-By-Abdalla-Manur.pdf

Dhaxalreeb – Xarunta Horumarinta Hoggaaminta. *Taariikhda Qorista Afka Maay.* Qaybta 1aad. https://youtu.be/EGheVcvuHTY?si=AmLE6-FRq8YMTtYR

Samatar, A. I. (1987). *Somalia: Nation in search of a state.* London, England

Sollas Media. *Taariikda Far Soomaaliga* – Aw jamaac Cumar wuxuu Sannadkii 2003 BbcSomali siiyey Waraysi uu kaga waramayo taariikhhda Far Soomaaliga iyo wadooyinkii ay soomartay. [Video]. YouTube. la soo dhigay (2014, October 21). https://www.youtube.com/watch?v=SBPiep_8hf0&ab_channel=SollasMedia

Somali Channel TV. *Taariikhda Farta Soomaaliga: soo saaristii shukri m afrax 21 10 2012.* [Video]. YouTube. *October 22, 2012* https://www.youtube.com/watch?v=j5nHY5Bf3c0&ab_channel=SomaliChannelTV

The Society for Somali Language & Literature (1951). Letter to the Chairman, UN Advisory Council for the Trust Territory of Somaliland. United Nations Trusteeship Council, General T/PET.11/221 26 December 1951

Tosco, M. (2015). *Short notes on Somali previous scripts.* In Afmaal. Proceedings of the Conference on the 40th Anniversary of Somali Orthography. Djibouti, 17th-21st December *2012.* Akadeemiye-Goboleedka Af-soomaaliga.

UNESCO/UNDP. (1976). *The experimental world literacy programme: A critical assessment.* Paris.

Warsame, A. A. (2001). *How a strong government backed an African language: The lessons of Somalia.* International Review of Education, 47(3-4), 341-360.

Wichmann, S. (2020). *How to distinguish languages and dialects.* Computational Linguistics. Vol 45, No.4

CUTUBKA 2AAD

CUTUBKA 2AAD

TAARIIKHDA AFKA SOOMAALIGA & QORISTIISA

Sarreeye Gaas Jaamac Maxamed Qaalib
Injineer Cabdulqaadir Aadan Cabdulle
Barfasoor Ciise Maxamed Siyaad
Barfasoor Maxamed Cilmi Tooxow
Barfasoor Mustafa Feruus
Axmed Maxamed Shiraac

2.1: HORDHAC

Cutubkan waxaa laga diyaariyay waraysiyo iyo doodcilmiyeedyo ay ka qaybgaleen khubaro iyo xeeldheerayaal aqoon qotadheer u leh taariikhda qorista iyo horumarinta af Soomaaliga. Kaqaybgalayaashu waxay isugu jiraan cilmibaarayaal, macallimiin jaamacadeed iyo odayaal xilal sare ka hayay dowladihii dalka soo maray ayaamihii qorista af Soomaaligu ay halka sare kaga jirtay istiraatiijiyadda qaranka.

Cutubku wuxuu qooraansanayaa taariikhda qorista af Soomaaliga, taasoo dib u noqonaysa muddo boqollaal sano ah, waxaana uu falanqaynayaa saamayntii qorista fartu ku yeelatay af Soomaaliga. Sidoo kale, wuxuu cutubku qaadaadhig ku samaynayaa arrimihii kaalmeeyay iyo kuwii turaantureeyay dadaalladii lagu horumarinayay af Soomaaliga, iyo guud ahaan xaaladda maanta ee af Soomaaliga.

2.2: TAARIIKHDA FAR SOOMAALIGA

Run ahaantii, dadaalladii looga gol lahaa helista far lagu qoro af Soomaaliga waxay ahaayeen kuwo socday muddo dheer oo qarniyo gaaraysa, islamarkaana ay ku lug lahaayeen aqoonyahanno iyo cilmibaarayaal kala duwan oo isugu jiray Soomaali iyo shisheeye.

Sida taariikhda lagu hayo, iskudaygii ugu horreeyay ee la xiriiray dadaalladaasi wuxuu billowday qarnigii 12aad ee Miilaadiga. Sheekh Yuusuf Al-kownayn oo ahaa caalim isku howlay faafinta Diinta Islaamka, gaar ahaanna shaqa ballaaran oo arrintaas la xiriirta ka waday dhulka Soomaalida ayaa billaabay dadaalkaas. Allaha u naxariistee, Sheekh Yuusuf wuxuu caqabad kala kulmayay sidii uu u bari lahaa hingaadda af Carabiga dadka Soomaalida oo badankoodu waagaas ahaa reer guuraa aan wax qorin, waxna aqrin. Sidaas darteed, wuxuu hindisay inuu af Soomaaliga ku hingaadiyo af Carabi, si ay u fududaato in dadka la baro xuruufta Carabiga. Halkaas ayay ka soo jeeddaa hingaadda ilaa maanta Soomaalidu isticmaasho ee Alif la kordhaway, Alif la hoosdhaway, Alif La goday.

Iskudaygii labaad wuxuu dhacay billowgii qarnigii 19aad, xilligaas oo ay socdeen sahammo horseed u ahaa duullaankii reer Galbeedka ee ku wajahnaa Afrika iyo guud ahaan caalamka islaamka. Maaddaama ay u diyaargaroobayeen qabsashada dhulalka Afrika, sahmiyayaashii reer Yurub waxay ku dadaalayeen inay dersaan dhaqamada, afafka iyo caadooyinka bulshooyinka ku nool Afrika. Qaar ka mid ah sahmiyayaashaas ayaa daraasadahoodii ku ogaaday qiimaha af Soomaaliga, ayagoo ka sameeyay qoraallo uu ugu muhiimsanaa buug af Soomaali ku qoran oo loo adeegsaday farta *Latin*-ka, kaasoo uu nin Ingiriis ahi qoray sannadkii 1814. Isla qarnigii 18aad, cilmibaare kal oo Ingiriis ah ayaa soo saaray qaamuuskii ugu horreeyay oo af Soomaali iyo af Ingiriis ah, kaasoo koobayay ilaa afar kun oo erey.

Dadaalladaas shisheeyaha ee ku wajahnaa qorista af Soomaaliga waxay kiciyeen dareenka aqoonyahanno Soomaaliyeed, waxaana billowgii qarnigii 19aad soo ifbaxay dadaallo ay hormuud u ahaayeen wadaaddadu, kuwaasoo billaabay inay far Carabi u adeegsadaan qorista af Soomaaliga. Waagaas ayay soo baxday far loo bixiyay "Farwadaad". Sida taariikhyahannadu xusaan, wadaaddadaas waxaa ka mid ahaa Sheekh Ibraahim Cabdi Mayle iyo Sheekh Maxamed Makaahiil. Culimadu waxay isku dayayeen inay ka hortagaan in farta *Latin*-ka loo adeegsado qorista af Soomaaliga, ayagoo u arkayay in taasi fududayn doontay gaalaysiinta dadka Soomaaliyeed oo ah muslimiin soocan. Culima kale oo ay ka mid ahaayeen Sheekh Aweys Al-qaadiriya iyo Sayid Maxamed Cabdulle Xasan ayaa sii xoojiyay dadaalkaas, ayagoo xuruufta Carabiga u adeegsan jiray qorista af Soomaaliga.

Baadigoobka far ku habboon qorista af Soomaaliga halkaa ayuu kasii socday, waxaana sannadkii 1922 la soo saaray nuuc kale oo far ah. Fartan, oo aan xiriir la lahayn xarfaha *Latin*-ka iyo kuwa Carabiga midna, waxaa helay Cismaan Yuusuf Keenaddiid oo ka mid ahaa saldanadii reer Kaneenaddiid, waxaana loo bixiyay "*Cusmaaniya*". *Cusmaaniya* waxay noqotay fartii ugu horraysay oo Soomaali ah ee la soo saaro. Keenadiid, oo gabyaa ahaa, wuxuu arkay gabayadii dadkii asaga la midka ahaa oo lumay. Sidaas darteed, wuxuu go'aansaday inuu helo far gabayadiisa lagu qoro, si loo kaydiyo. Maaddaama uu Carabiga aad u yaqiinnay, isaga ayuu ka raadiyay markii hore, wayse u soo bixi weysay, maxaayeelay halka Soomaaliga ay ku jiraan labaatan iyo kow shaqal, Carabigu wuxuu leeyahay siddeed kali ah. Markaas ayuu go'aansaday inuu hal-abuuro far cusub oo uu asalkeedu Soomaali yahay. Ujeeddadiisu waxay ahayd inaan gabayadiisu cidla ku dhicin, balse markii dambe waxay isu beddeshay far loo baahday in la qoro, lana ballaariyo adeegsigeeda ilaa ururkii Leegadu (*Somali Youth League*) uu ku soo darsaday xeerkiisii.

Cilmibaarayaashii Soomaalidu waxay sii wadeen daadaalkoodii la xiriiray helidda far u qalanta in lagu qoro af Soomaaliga, waxayna u baahnaayeen inay soo helaan wax ka badan hal iyo laba nuuc oo far ah, ayadoo mid waliba uu isku dayayay inuu helo wax ka fiican wixii markaa jiray. Sannadkii 1933, Sheekh C/raxmaan Sheekh Nuur oo reer Boorama ahaa ayaa helay nuuc kale oo far Soomaali ah, taasoo loo bixiyay "Fargadabuursi".

Dadka Soomaalidu waxay weligood ahaayeen kuwa dhiifoon oo ka digtoon shirqoollada ka dhanka ah diintooda iyo dhaqankooda. Gumaystihii Ingiriiska ayaa isku dayay in buugaag ku qoran af Soomaali loo adeegsaday xarfaha *Latin*-ka lagu dhigo dugsiyo hoose oo uu ka furay Magaalada Hargeysa sannadkii 1938. Haseyeeshee, dibadbax ay hoggaaminayeen culimadu ayaa lagaga hortagay tallaabadaas. Dibadbaxyaashu waxay ku dhawaaqayeen ereyada *Latin* waa diin la'aan. Halkaas ayuu mar kale ku fashilmay qorshihii uu doonaayay gumaystuhu.

Haseyeeshee, gumaystihii Ingiriiska oo aan weli ka harin hammigiisii ayaa la yimid farsama kale. Markan, wuxuu howlgeliyay nin Ingiriis ah oo la dhihi jiray B. W. *Andrzejewski*, kaasoo ahaa khabiir cilmi-afeed. *Andrzejewski* waxaa loo xilsaaray inuu cilmibaaris ku sameeyo af Soomaaliga, islamarkaana soo jeediyo far ku habboon qorista af Soomaaliga. Muddo seddax sana ah oo ay cilmibaaristiisii socotay ka dib, *Andrzejewski* wuxuu soo saaray warbixin uu biyadhaceedu ahaa in af Soomaaligu yahay af qiima badan, farta *Latin*-kuna ay tahay midda ugu habboon ee lagu qori karo.

Ayadoo ay iskudayadii socdaan, ayay misana saamayntii nolosha casrigu billaabatay. Farqoristu, haddaba, waxay arrin isa soo tartay noqotay waagii xornimadoonka, gaar ahaan dagaalkii labaad ee dunida, markaas oo ay aad u sii xoogaysatay baahideedu. Sannadkii 1949 ayay kacday dood ballaaran oo looga hadlayay qorista af Soomaaliga. Isla sannadkaas ayay dhacday Wasaayadii la geliyay Koofurta Soomaaliya ee loo wakiishay dowladdii Talyaaniga. Waagaas, waxaa la adeegsan jiray fartii *Cusmaaniya*-da; haseyeeshee, waxaa jiray doodo iyo loollan, kuwaasoo kiciyay qoraallo looga hadlayay far Soomaaliga, ayna samaynayeen aqoonyahanno iyo khubaro kala duwan oo isugu jiray Soomaali, Talyaani, Ingiriis iyo Carab.

Xuseen Sheekh Axmed Kadare ayaa sannadkii 1952 soo saaray far loo bixiyay *"Kadariya"*. Sida fartii *Cusmaaniya*-da iyo tii Gadabuurisiga, Kadariyadu waxay ahayd far Soomaali aan xiriir la lahayn *Latin* iyo Carabi midna.

| 2.2.1. | **SIYAASADDII SYL EE QORISTA AF SOOMAALIGA** |

Ururkii *Somali Youth League (SYL)* ama "Leegada" sida loo yaqaanno, wuxuu ahaa ciddii ugu horreysay ee soo jeedisa in afka Soomaaliga la qoro. Raggii ra'yigaas qabay ee ugu horreeyay waxaa ka mid ahaa Yaasiin Xaaji Cusmaan Sharmarke, oo asaga iyo rag kaleba ay iska niyaysteen in af Soomaaliga la qoray oo arrintaasi dhammaatay, maaddaama ay markaas dhawr sano socotay adeegsiga fartii *Cusmaaniya*-du.

Balse, sannadkii 1956 ayay wax isbeddeleen. Waxaa soo baxay fikrado kale oo laba dhinac ka imaanayay. Dhinac wuxuu ahaa mid waddani ah oo doonayay in la qoro far Soomaalidu asalkeeda leedahay oo uu qof Soomaali ahi soo hindisay. Dhinaca kale, wadaaddadu waxay qabeen in far Carabiga loo adeegsado qorista af Soomaaliga, ayagoo muujinayay welwel ah inay wiiqmi doonto barashada diintu haddii nuuc far ah oo aan Carabiga ahayn la qaato. Halkudheggii caanbaxay ee *"Latin Laa Diin"* ayay culimadu adeegsanayeen, si ay diidmadooda taageero ugu helaan. Labada fikradoodba waxay ka horjeedeen *Latin*-ka. Haseyeeshee, rag waaweyn oo dowladda u shaqaynayay oo madax dowladeed iyo safiirro noqon doonay, taageerana ka helayay Cabdullahi Ciise, Ra'iisulwasaarihii dalka ee xilligii Wasaayada, ayaa iyaguna qabay in *"Latin*-ka" la qaato. Qoladaas *Latin*-ka u doodaysay, oo u badnayd shaqaalihii dowladda, waxaa hoggaaminayay Shire Jaamac oo cilmibaare ahaa.

Joornaal la dhihi jiray *"Curriere Della Somalia"* ayaa laba bog oo Carabi ah iyo afar bog af Talyaani ah ku soo bixi jiray. Maalinta jimcaha ayaa, haddaba, bogga af Carabiga ah waxaa lagu kabi jiray bog af Soomaali ah oo ku qoran xuruufta *Latin*-ka. Dhismihii dowladdii daakhiliyada (sannadkii 1956) ka dib ayaa la billaabay adeegsiga *Latin*-ka, balse *Cusmaaniya*-da markaa ka hor ayaa wax lagu qorayay.

Waxaa markaa dhacay falcelis lagu diiddanaa *Latin*-ka, taasina waxay sababtay in ururkii Leegadu ay waydiistaan Cabdullaahi Ciise, Ra'iisulwasaarihii Dowladda *Daakhili*-ga, inuu joojiyo, maxaayeelay waxay ka baqayeen in arrintaasi keento khilaaf saamayn ku yeesha xorriyadda iyo hanashadeeda. Sidaas awgeed, Leegadii waxay go'aansatay inay dhexdhexaad ka noqoto tartankii dhexmarayay fartii *Cusmaaniya*-da iyo tii *Latin*-ka, dibna loo dhigo go'aangaarista ilaa inta xorriyadda la qaadanayo, lana dhisayo dowlad Soomaaliyeed. Sidaas darteed, waxaa la joojiyay adeegsigii far *Latin-*

ka iyo *Cusmaaniya*-da, oo dugsiyada lagu dhigi jiray, labadaba.

Markaa ka hor, sannadkii 1951, waxaa jirtay in laga horyimid qorshe Talyaanigu watay, kaasoo la xiriiray afka loo adeegsanayo waxbarashadii waagaas jirtay. Taasi waxay dhacday markuu dib u soo noqday Talyaaniga oo loo dhiibay Wasaayada. Talyaanigu wuxuu berigaas soo rogay in manhajka dugsiyada oo dhan af Talyaani iyo af Carabi lagu dhigo; haseyeeshee, Soomaalidii ayaa diidday af Talyaaniga, ayagoo dalbaday in af Carabiga oo kaliya lagu dhigo dugsiyada. Dabadeed Talyaanigu wuxuu arrintii hordhigay "Golihii Arlada",[69] asagoo quuddarraynayay inay taageeri doonaan qorshihiisa. Haseyeeshee, xubnihii Goluhu waxay si aqlabiyad leh uga codeeyeen qorshahaas, ayagoo la saftay ururkii Leegada oo 5 xubnood oo kali ah ku lahaa Golahaas, kaasoo ka koobnaa 39 xubnood. Taasi waxay timid markii xubnihii Golaha ee matelayay axsaabtii raacsanayd Talyaaniga, ururradii bulshada iyo kaabbaqabilladii ay dhammaantood u cuntami waysay fikradda ah in af Talyaani loo adeegsado waxbarashada dalka. Asagoo arrintaas ka caraysan ayuu Talyaanigii u dacwooday "Guddigii Latalinta" ee Qaramada Midoobay ee kor ka maamulayay Wasaayada. Guddigaas ayaa Aadan Cabdulle, oo markaas ahaa Guddoomiye ku xigeenka Golahaas, u yeeray, ayagoo ku taliyay inaan Goluhu diidin arrintan, maaddaama aysan suurtagal noqonayn in Talyaanigu soo qoro macallimiin Carab ah, mushaarkoodana bixiyo. Dood ka dib, waxaa la isku raacay in af Talyaanigii la fasaxo.

Balse, loollankii dhexmarayay af Soomaaliga iyo afafka qalaad intaa kuma ekayn. Xilligii Kacaanka, gaar ahaan waagii aan ka mid noqonnay Ururka Jaamacadda Carabta ayuu mar kale soo muuqday. Maaddaama Soomaaliya noqotay dal Carbeed waxaa la soo jeediyay in Soomaalida la baro afka Carabiga. Barnaamij carabayn ah ayuu ahaan lahaa, balse koox uu hoggaaminayay Maxamed Aadan Sheekh, oo berigaas dowladda saamayn ku lahayd, ayaa horjoogsatay qorshahaas; halkeedii, waxaa laga dhigay olole dhiirrigelin ah oo af Carabiga lagu baranayo, intaas ayaana lagu soo koobay

---

69. Xubno degaannada laga soo xulay oo ku jiray kaalinta baarlamanka

barnaamijmkii ballaarnaa ee "carabaynta". Raggii ka horjeeday barnaamijkii carabaynta waxay ka welwelayeen in xoojinta af Carabigu ay wiiqi doontay horumarka af Soomaaliga.

2.2.2. DADAALLADII QORISTA AF SOOMAALIGA XORRIYADDA KA DIB

Inkastoo dadaallaas iyo iskudaydaas kala dambeeyay ee aan hore u soo sheegnay ay jireen, baahida loo qabay far Soomaali la isku raacsanyahay waxay ahayd mid weli taagan markii xorriyadda la qaatay 1960. Haseyeeshee, arrin waqti iyo dadaal badan la geliyay ayay ahayd, heer ay gaartay inay saamayso siyaasadda. Sidaas darteed, Baarlamaankii ugu horreeyay wuxuu dowladdii dhalatay xorriyadda ka dib ku cadaadiyay in la qoro af Soomaaliga.

Sidaas awgeed, dowladihii rayidka ee 1960 -1969 waxay isku howleen qorista af Soomaaliga. Dowladdi ugu horreysay ee Ra'iisulwasaare Cabdirashiid Cali Sharmaarke dhakhsiba waxay dhistay guddi ka kooban cilmibaarayaashii qorista af Soomaaliga danaynayay oo dhan, kuwaasoo la waydiistay inay warbixin ka keenaan arrintaas. Xubnihii ugu caansanaa guddigaas waxaa ka mid ahaa: Muuse Galaal, Kadare, Shire Jaamac iyo Yaasiin Cusmaan Keenadiid. Guddigii waxay keeneen warbixin ballaaran oo ay ku jireen talooyinkii oo dhan oo aan cidna ra'yigeeda laga tegin, balse sooma jeedin far gooni ah oo la qaadanayo iyo mid laga tegayo toona.

Sannadkii 1964 ayay dowladdii Ra'iisulwasaare Cabdirisaaq Xaaji Xuseen, oo beddeshay tii Cabdirashiid waxay kaalmo farsamo waydiisatay hay'adda Qaramada Midoobay u qaabilsan Waxbarashada iyo Dhaqanka "UNESCO (*United Nations Education, Science and Culture Organization*)", si talo ku saabsan fartii af Soomaaliga lagu qori lahaa ay dowladdu u hesho. UNESCO waxay soo dirtay seddax khubara ah oo shisheeye ah, kuwaasoo howshii ku billaabay inay lafaguraan wixii warbixinno ahaa ee hore looga diyaariyay arrinta far Soomaaliga, ugu dambayntiina waxay ku taliyeen in la qaato farta *Latin*-ka, taasoo ay sheegeen in la doorbiday dhinacyada dhaqaalaha iyo farsamada (tiknooloojiyada) dartood.

Haseyeeshee, arrintaasi dareen diidmo ah ayay abuurtay ilaa ay gaartay inay Xamar ka dhacaan bannaanbaxyo ay horkacayeen dad caan ahaa. Bannaanbaxaas waxaa halkudheg u ahaa *"Latin* waa diin la'aan". Bannaanbaxayaashii ayaa la xirxiray, ka dibna la soo daayay, balse arrintii fartu halkaas ayay ku hakatay.

Marka la soo koobo, waxaa jiray seddax fikradood oo ku saabsanaa farqorista, kuwaasoo kala ahaa:

- **Carabi** ha lagu qoro: Waxaa dhib ka taagnaa "xuruufta carabiga sidee loogu qaabeeyaa inay ku habboonaadaan af Soomaaliga in lagu adeegsado".
- *Latin* ha lagu qoro: Waxaa su'aashu ahayd "xuruufta *Latin*-ka sidee loogu jaangooyaa in af Soomaaliga lagu adeegsado, iyo
- **Soomaali** (Fartii "Gadabuursi" ama "far Boorama", *Cusmaaniya*-dii, *Kadariy*a-dii iyo kuwo kale oo aan sidaas caan u ahayn).

Far Soomaaliga wuxuu, haddaba, noqday mid la qoray oo arrintiisu dhammaatay ka dib dhalashadii xukunkii kacaanka. Afgembigii ka dib ayay dowladdii kacaanku baabi'isay dastuurkii dalka, waxayna qortay sharci loogu yeeri jiray *"Carta del Revoluzione"*, kaasoo ay aasaas uga dhigeen dhammaan shuruucda dalka. Sharcigaas, oo seddax iyo toban qodob ka koobnaa, qodobkiisa 13aad ayaa dhigayay in af Soomaaliga la qoro.

Wasiirkii Waxbarashada ee dowladdii waqtiga yar jirtay ee la dhisay markii Kacaanku dhashay, Xasan Cali Mire, ayaa soo hordhigay Golihii Wasiirrada arrinta ku saabsan qorista farta. Go'aankii wuxuu noqday in la qaato fartii *Cusmaaniya*-da, ka dib markii loo codeeyay, inta badan xubnihii goluhuna sidaas isku raaceen. Haseyeeshee, Golihii Sare ee Kacaanka ayaa ku guuldarraystay inuu ayido go'aankaas, ka dib markii ay la kulmeen cilmibaarayaashii ku howlanaa qorista af Soomaaliga, kuwaasoo watay soojeedinno kala duwan loollankii ka dhexeeyay awgiis. Taasi waxay keentay in Golihii Sare uu ku kala qaybsamo arrintaas; sidaas darteed Guddoomiyihii Goluhu wuxuu dib u dhigay go'aankii, maaddaama uu cod midaysan u waayay.

Muddo ku dhawaad laba sano ah markii ay sidaas ahayd, ayaa wafdi ka socday Golihii Sare ee Kacaanka uu booqasho ku tegay dalka Shiinaha, si ay ugala soo hadlaan dhismaha waddadii Shiinuhu u samaynayay Soomaaliya ee isku xiraysay Beledweyne ilaa Burco. Wafdigii waxay la kulmeen hoggaamiyihii Shiinaha ee waqtigaas *Mao Tse-tun* (*Mao Zedong*), waxayna la wadaageen qorshaha qorista af Soomaaliga. Markaas ayuu hoggaamiyihii Shiinuhu ku taliyay in Soomaalidu qaadato farta *Latin*-ka, si ay ugu dhawaadaan Tiknooloojiyada. Markii ay soo noqdeen ayay wafdigii, isla usbuuciiba, Golihii Sare la wadaageen taladii hoggaamiyaha Shiinaha, taasoo ay la dhaceen Goluhu. Sidaas darteed, Wasiirkii Waxbarashada ee xukuumaddii kacaanka, Cabdirisaaq Maxamuud Abuubakar, wuxuu arrintaa u saaray guddi ka koobnaa 19 xubnood, kaasoo loo xilsaaray inuu farsama ahaan ka shaqeeyo sidii xarfaha *Latin*-ka loogu jaangoyn lahaa qorista af Soomaaliga. Muddo kooban gudaheed, guddigii waxay soo saareen farta maanta la qoro, taasoo lagu dhawaaqay qaadashadeeda sannadkii 1972. Halkaas ayuu ku soo idlaaday dadaalkii muddada dheer socday ee wajahnaa qorista af Soomaaliga.

Sababta qorista af Soomaaligu ugu adkaatay dowladihii rayidka ahaa, balse ay ugu fududaatay dowladii kacaanka ayaa isweydiin mudan. Jawaabta su'aashaasi waa mid aragtiyo kala duwan laga qabi karo. Haseyeeshee, waxaa iska cad in xukunkii milaterigu uu ka duwanaa xukuumadihii rayidka. Maaddaama ay ciidamadu hoggaaminayeen, xukunkaasi wuxuu ahaa mid aan laga hor iman karin amarradiisa, halka xukuumadihii rayidku ay ahaayeen kuwa ku shaqeeya dastuur oggolaanaya xorriyadda hadalka iyo bannaanbaxyada. Taasi waxay ahayd sababta koowaad ee fudadaysay qorista far Soomaaliga. Sababta labaad, xukuumaddii kacaanka ee xilligaasi waxay ku jirtay marxalad ay caabboonayd, dadweynuhuna xiiso badan u qaadeen isbeddelkii ay sannadihii hore muujisay dartiis.

Haddaba, fartii waa la soo saaray, waxaase ay u baahnayd hirgelin. Waxaa la howlgeliyay dhammaan intii wax qori jirtay, oo ay ku jireen qorayaashii, wargeysyadii, idaacadihii, iwm. Waxaa kaloo la howlgeliyay suugaanyahannada, si ay u dhiirrigeliyaan barashada far Soomaaliga, ayagoo adeegsanaya xirfaddooda suugaaneed.

Waxaa la soo daadiyay qoraallo af Soomaali ku qornaa oo oranayay: "I bar aan bartee fartayda". Sidoo kale, heestii laga soo dayn jiray Raadiyow Muqdisho iyo Raadiyow Hargeysa ee dhiirrigelinaysay barashada farta Soomaaliga waxaa ereyadeeda ka mid ahaa:

Qalinkaaga ii dhiib ereyada aan kuu qoree
Qummaati uga bogo oo fartii qalaad ha moodina
Carrabku qaldi maayee sida caanaha qurquriya.

Tallaabooyinkii loo qaaday dhinaca hirgelinta far Soomaaliga waxaa ugu weynayd Ololihii Horumarinta Reer miyiga, kaasoo reer baadiyaha lagu barayay far Soomaaliga. Intaa waxaa dheer, waxaa la dhiirigelinayay qorista buugaag af Soomaali ah. Qofkii soo saara buug af Soomaali ku qoran wuxuu gaynayay Akadeemiyada Fanka iyo Suugaanta, halkaasoo loogala wareegi jiray, lacagna loogu beddeli jiray. Run ahaantii, howshaasi waxay ahayd mid ay si weyn ugu guntatay dowladdii kacaanku, waxaana lagu guulaystay in dadka la baro qorista af Soomaaliga miyi iyo magaalaba.

Qofkii ugu horreeyay ee nasiib u yeeshay inuu jeediyo khudbad af Soomaali ku qoran wuxuu ahaa Janaraal Jaamac Maxamed Qaalib, oo markaa ahaa Taliyaha Ciidanka Booliska Soomaaliyeed, isagoo khudbad ka jeedinayay munaasabaddii sannadguurada aasaaska Ciidanka Booliska Soomaaliyeed. Ra'iisulwasaarihii hore, Nuur Xasan Xuseen (Nuurcadde), oo markaa ahaa gacanyarihii Janaraalka ayaana qoray khudbaddaas, labadaba Allaha u naxariisto. Sidaas ayaa far Soomaaliga ilaa maanta loogu dhaqmaayay.

Haddaba, af Soomaaliga ha la qoro, balse xadkee la adeegsanayaa ayaa ah dood weli taagan. Tusaale ahaan, markii dowladdii kacaanku amartay in af Soomaaliga wax lagu barto, waxaa jiray dad ku doodayay in taasi keeni doonto hoosudhac ku yimaada tayada waxbarashada, maaddaama aan af Soomaaligu horumarsanayn. Sii hagaajin badan oo lagu samayn lahaa farta iyo horumarkii ay samayn lahayd ayaan la gaarin aqoondarradii jirtay awgeed. Waxay ku habboonayd inaan Guddigii Qorista af Soomaaliga la kala dirin oo ay sii shaqeeyaan, si ay sannad walba dib-u-eegis ugu sameeyaan. Sidaas lama samayn, oo in hingaaddu ku filnayd ayaa loo qaatay, halkaas ayaana looga tegay. Hingaaddii waa laga shaqeeyay, balse qaabqoraalkii guud wax ku filan lagama qaban, taasina waxay keentay midnima la'aanta qoraal ee ilaa maanta taagan, maxaayeelay laba qof oo wax qoraya ayaan isku si wax u qorayn. Sidaas darteed, ayay farqoristeennu u baahantahay dariiq la cuskado iyo in, sida luqadaha kale, naxwaha lagu shaqeeyo.

Dhinaca kale, ayada oo daraasada badani dhimanyihiin ayaa burburkii dhacay, taasina waxay keentay hakad ku yimid howshii socotay. Tusaale ahaan, waxaa dhibaato laga mutay sidii loo qori lahaa ereyada lamaanaha ee isla socda. Qof walba sida uu doono ayuu u qoray. Waqtigaan la joogo, dalalka dibadda, oo ay ka mid yihiin *Thailand* iyo gobolka *Alberta* ee *Canada*, labaduba manhajkooda ayay ku dareen af Soomaaliga. Waxa annaga Soomaaliya joogna naga khaldani ayagana way ka khaldanaanayaan. Sidaas awgeed, waxaa loo baahanyahay in la helo hay'ad Soomaaliyeed oo af Soomaaligii u socodsiisa si wanaagsan, dabadeedna marjac u noqota dunida ciddii qaadata oo dhan. Labada meelood ee dowladdu ka faafin karto afka iyo ahmiyaddiisa, waxna lagaga qaban karo waa Wasaaradaha Waxbarashada iyo Warfaafinta.

2.2.3. BAAHIDII KEENTAY QORISTA AF SOOMAALIGA

Mar walba, af Soomaaligu wuxuu u baahnaa inuu yeesho far lagu qoro, si ay u fududaato in dadku ku wada xiriiraan afkooda hooyo. Haseyeeshee, baahiyihii soo dedejiyay qorista af Soomaaliga waxaa ka mid ahaa: (i) koboca bulshada oo kordhayay, (ii) Soomaalida oo aqoonta iyo nolosha casriga ah ku sii xirmaysay, (iii) tacliinta dugsiyada oo soo badanaysay, iyo (iv) warbaahinta, gaar ahaan idaacadihii waagaas jiray, sida: Raadiyo Hargeysa, Raadiyo Muqdisho, Idaacadda BBC-da, Idaacaddii Qaahira iyo Raadiyo Jabuuti, waxay u baahnaayeen wax ay adeegsadaan marka ay dhacdooyinka adduunka af Soomaali ku tebinayaan.

Xilligaas, nolosheenna waxaa soo gaaraysay saamayntii isku furfuranka adduunyada, iyo nolosha casriga ah ee labadii boqol ee sano ee ugu dambaysay adduunyada ku fidaysay. Kacaankii Warshadaha ka dib, waxaa mar walba imaanayay qalab cusub oo aan hore u jirin, taasina waxay keenaysay baahida ereybixin cusub oo ah in macne cusub oo yimid loo helo ereyadii xambaari lahaa. Taas waxaa ka qayb qaatay warbaahinta, dadweynaha iyo cid walba oo baahida dareemaysay; mararka qaar ayay noqonaysay in erey af Soomaali ahaa qaab cusub loo adeegsado ama in luqada kale ereyo laga soo amaahdo, taasoo aan ceeb ahayn.

Haddaba, qorista af Soomaaligu waxay ka jawaabaysay baahiyahaas, waxayna ka qaybqaadatay kobcinta af Soomaaliga iyo qoraalkiisa. Waxaa kaloo ay ka qaybqaadatay soobixitaanka luqad dhexe oo ay dadku isla fahmaan. Tusaale ahaan, degaannada Soomaalida, midba si ayuu u sheegaa afarta jiho. Qaar jihada Woqooyiga "Kor" ayay u yaqaannaan, qaar kalena jihada Koonfurta ayay "Hawd" ugu yeeraan. Haddaba, magacyada loo adeegsado afarta jiho ee maanta la wada garanayo ee "Woqooyi", "Koonfur", "Bari" iyo "Galbeed" waxay qayb ka yihiin luqaddaas dhexe. Warbaahintu waxay ka mid ahayd hay'adihii xoojiyay luqaddaas dhexe, islamarkaana ku soo kordhiyay af Soomaaliga ereyo la wadaago ama ereyo cusub, kuwaasoo ay ka mid yihiin ereya caan ah, sida: Dayaxgacmeed, Maandooriye, Gujis, iwm.

2.2.4. HORUMARKII AF SOOMAALIGA QORISTII FARTA KA DIB

Markii af Soomaaliga si rasmi ah loo qoray sannadkii 1972, qoraalka fartu wuxuu saamayn toos ah ku yeeshay adeegsiga afka, asagoo kobciyay kaalimihii kala duwanaa ee afku kaga jiray nolosha dadka iyo xiriirka dhexdooda ah. Haddaba, waxaa jiray go'aanno siyaasadeed oo garab socday qorista farta, kuwaasoo ay ka mid ahayd in afka waxbarashada iyo kan maamulkuba af Soomaali noqdaan. Go'aannada nuucaas ah ee farayay in af Soomaaliga lagu adeegsado waxbarashada iyo maamulka ayaa qoraalkii farta macno u yeelay. Haddii farta la qoro, balse aysan jiri lahayn go'aanno siyaasadeed oo kaalinta adeegsiga af Soomaaliga sare u qaadaya, gaar ahaan waxyaabaha ku cusub maamulka iyo waxbarashada, koboca uu qoraalka fartu sameeyay iyo koboca af Soomaaliguba heerkaa marna ma gaareen. Haddaba, haddii fartu weydo go'aannadaas siyaasadeed ee kaabaya oo xoojinaya adeegsigeeda waxay iska noqonaysaa wax agoon ah oo meel iska yaalla, luqaddana saamayn iyo koboc badan uma gaysanayso.

In af Soomaaliga lagu adeegsado maamulka waxay keentay helitaanka ereybixinno cusub oo arrimaha maamulka ku saabsan, kuwaasoo ay ka mid yihiin magacyadan aan maanta adeegsanno, sida: Agaasime, Maareeye, Xisaabiye, iwm. Ereyadaasi waxay hanaqaadeen markii la billaabay adeegsiga afka ee dhanka maamulka iyo shaqooyinka xafiiska. Si guud, dadka markii ay aqalkooda joogaan af Soomaali way ku wada hadlayeen waagii hore, balse markii xafiisku xafiis kale warqad u qorayo ama arrimihiisa diiwaangashanayo wuxuu ku qoranayay af kale – Ingiriis, Talyaani ama Carabi. Marka, waxay noqotay in adeegsigu soo galo qoraalkii, halkaana waxaa ku tayowday luqaddii oo noqontay luqad xirfadaysan oo howlihii loo baahnaa oo dhan lagu qabsan karo.

Sidoo kale, waxbarashada waxaa laga dhigay af Soomaali, laga billaabo dugsiyada hoose ilaa dugsiga sare. Laba iyo tobankii sano ee ugu horreeyay, in waxbarashada asaasiga ahi af Soomaali ku baxdo waxay keentay in maaddooyinkii dugsiyada lagu dhiganayay la tarjumo oo af Soomaali lagu qoro. Markaas ayaa loo baahday ereybixinta maaddooyinkii culuumta bulshada, sida Taariikhda iyo Juqraafiga. Sidoo kale, Sayniska qaybihiisa kala duwan, Xisaabtuba ha ugu horraysee, ayaa u baahnaa ereybixin. Sidaas darteed, ereybixinno cusub ayaa soo siyaaday, ha ahaado erey af Soomaali ah oo la adeegsan jiray oo la cusboonaysiiyay ama laba erey oo la isku kabay ama erey luqad kale laga soo qaato, Ingiiriis ha laga soo qaato, sida: *"Atom"* iyo *"Matter"* oo *Latin* ah, ama Carabiga ha laga soo qaato, sida: *"Hawo"* oo kale. Taasina waxay qayb ka qaadatay kobocii luqadda ee dhanka waxbarashada.

Waxaa kaloo soo raacay warbaahinta oo iyadana qayb weyn ku leh koboca iyo dibudhaca afka labadaba. Marka laga hadlayo warbaahinta hadasha, idaacaduhu way horreeyeen oo waxay ka soo billowdeen Raadiye Hargeysa oo soo billowday 1941. Waxaa iyana, 1972 markii si rasmi ah afka loo qoray, ku soo biiray saxaafadda qoran oo ay ka mid ahaayeen wargaysyada, sida Xiddigta Oktober oo ugu caansanayd ama todobaadleyaal kale. Saxaafadda qorani waxay kaabtay qaybtii saxaafadda hadalka oo kali ku ahayd isticmaalka iyo qoraalka afka. Waxaa kaloo soo raaca af Soomaaliga hal-abuurka lagu adeegsan jiray, sida: gabayada, maansoonyinka, heesaha, iwm.

Qofka buug af Soomaali ku qoraya ama u tarjumaya ayaa isaguna u baahnaa ereybixin cusub. Wuxuu adeegsanayaa ereyo hore loo adeegsaday ama kuwo la soo amaahday, taasina waxay kobcinaysay afkii, oo waxay dhaqdhaqaaq u yeelaysay ereyada. Dadaalladaas oo dhan waxaa garab socday howlo cilmibaariseed oo adeegsiga afka habaynayay, kuwaasoo ay ka shaqaynayeen Akademiyadii Cilmiga, Fanka iyo Suugaanta, Guddigii af Soomaaliga, wasaaradihii kala duwanaa iyo Xafiiskii Manaahijta oo marka dambe kaalin weyn ka qaatay. Hay'adahaasi waxay gacan ka gaysanayeen ereybixinta, waxayna isku dayayeen inay xeer ama jid la marsiiyo u yeelaan.

Sida ay taariikhdu sheegayso, dadaalka la xiriira cilmibaarista af Soomaaligu wuxuu socday shantii sano ee ugu horreysay markii af Soomaaliga la qoray. Wixii ka dambeeyay sannadkii 1978 waxsoosaar kale oo weyni ma jirin; haseyeeshee, waxaa socday adeegsigiisii iyo dadaalo kooban oo la xiriiray horumarinta afka.

Waxyaabihii suurtageliyay in wax weyn la qabto muddadaa kooban waxaa ka mid ahaa: (i) dadaallo soo taxnaa oo laga faa'iidaystay (ii) gacantii weyneyd ee ay dowladdu siisay, taasoo ka muuqan karta, go'aannadii siyaasadeed ka sokow, kordhintii miisaaniyadda waxbarashada iyo arrimaha la xiriira, iyo (iii) howlihii cilmibaarista.

Haseyeeshee, markii la soo gaaray sannadihii 1978 iyo 1979, miisaaniyaddii waxbarashada way isdhintay ilaa ay gaartay in la bixin kari waayo mushaarkii macallimiinta bartamihii 1980, taasina waxay hakad ku keentay kobocii cilmiyaysnaa ee lagu habaynayay af Soomaaliga. Taas micnaheedu ma aha inay wax kastaba istaageen; dadaalladu way sii socdeen, balse xawligii ayaa is dhimay. Tusaale ahaan, qaamuuskan Barfasoor Cabdalla Mansuur ee dhowr iyo sagaashankii la faafiyay, uuna ka qayb qaatay Barfasoor Ciise Maxamed Siyaad, ururintiisa ugu badani waxay dhacday siddeetamaadkii.

Marka la soo koobo, xilligii dowladdii kacaanka farta waa la qoray, go'aanno siyaasadeed oo adeegsigeeda xoojinayana waa la hirgeliyay, taasina waxay kobcisay kaalintii af Soomaaligu ku lahaa bulshada oo hadda u gudbay in loo adeegsado waxbarashada, maamulka iyo cilmiga, halkii markii hore uu ku koobnaa u-adeegsiga nololmaalmeedka oo kaliya. Waxaa, sidoo kale, mudnaan la siiyay cilimibaarista. Arrimahaasi waxay kaalin mug leh ka qaateen horumarka af Soomaaliga iyo adeegsigiisa.

Xilligii dambe, (dabayaaqadii 1980) waxaa billaabatay inuu is dhimo adeegsigii af Soomaaliga ee waxbarashadu, ayadoo kulliyadaha qaarkood ay billaabeen inay luqada kale wax ku dhigaan, sababtuna waxay ahayd inay yaraatay kobcintii ku socotay af Soomaaliga, gaabis ku yimid taageeradii siyaasadeed iyo tii maaliyadeed ee la siin jiray awgeed.

2.3. CAQABADIHII UGU WAAWEYNAA EE SOO WAJAHAY FAR SOOMAALIGA

Inkastoo uu qoranyahay muddo 51 sano ah, af Soomaaligu wuxuu weli leeyahay turxaanno iyo saluug u baahan in la saxo. Caqabadaha ugu waaweyn ee jiray ee saameynta ku leh horumarinta af Soomaaliga waxay ahaayeen:

- Markii farta la qoray, ma jirin qorshe horay loogu wadayo oo lagu dhammaystirayo, ayadoo laga fogaanayo kumilanka luqadaha shisheeye. Tusaale ahaan, naxwaha af Soomaaliga waxaa inta badan wax ka qoray qolo ka tirsanayd akadeemiyada Talyaaniga. Taasi waxay keentay in turjumaadda ereyada lagu sameeyay af Talyaani, inkastoo uu jiray qaamuus af Soomaali ah oo ka koobnaa 10,000 oo erey, kaasoo uu sameeyay Yaasiin Cusmaan Keenadiid, Guddigii Akademiyaduna ka qayb qaatay.

- Maaddaama aysan markaa jirin luqadyaqaan Soomaaliyeed oo mashaakilka afka haystay xallin karay, dad shisheeye ah ayaa gacanta ku hayay horumarinta afka, taasina waxay keentay in xataa wixii shisheeyuhu qoray aan af Soomaali loo rogin.

- Caqabadaha ugu waaweyn ee hadda taagan waxaa ka mid ah in dugsiyadii iyo jaamacadihii aan intooda badan lagu dhigin af Soomaaliga, sababtoo ah ardayda ayaan danaynayn, oo u arka inuu yahay mid aan tayo lahayn.

- Jaamacadihii iyo dugsiyadii ma heli karaan manhajyadii ay dhigi lahaayeen oo af Soomaali ku qoran.
- Qabyanimada ayaa ah caqabad kale oo af Soomaaliga haysata. Afku wuxuu u baahanyahay in la fududeeyo, si taasi u dhacdana wax ka badan hingaadda ayaa loo baahanyahay, maxaayeelay jaamacadaha laguma dhigan karo hingaad oo kaliya ee waa in naxwahana lagu daraa.
- Midnimo la'aanta habqoraalka waxay noqotay kaabad kale oo ku gudban horumarka af Soomaaliga, maxaayeelay, ayadoo aan si mug leh loo baarin ayaa afka la qoray, dabadeedna hingaadii ayaa la xafidsiiyay dadka, waxaana loo daayay inay sida ay doonaan u qoraan; gaar ahaan, arrintu waxay faraha ka sii baxday markii burburku dhacay, oo cid waliba wax u qortay sida ay doonto.
- Markii dowladdii burburtay, Aabbala'aan ayuu noqday afku, maaddaama aysan jirin cid u taagan dhiirrigelinta daryeelkiisa, maalgelintiisa, cilmibaaristiisa iyo horumartiisa. Lama helin cid sii wadda cilmibaaristii af Soomaaliga marka laga reebo qofqof wax ka sameeyay oo ayagana aan cidi ka hoos qaadin.

2.4. WAXYAABIHII KAALMEEYAY HORUMARKA AF SOOMAALIGA XILLIGII KACAANKA

Dhowr arrimood ayaa caawiyay inuu horumar sameeyo af Soomaaligu xilligii kacaanka, waxaana ka mid ahaa:

- Dadka asalkooda oo ahaa Soomaali reer miyi ah oo afka yaqaannay. Tusaale ahaan, ilmaha todobajirka ah ee reer miyiga ah wuxuu af Soomaaliga kaga aqoon badnaa kontonjirka reer magaalka ah, maxaayeelay kan miyiga joogaahi magacayadii dhirta, xoolaha iyo agabkii kale ayuu yaqaannaa, halka qofka Xamar jooga ee ku dhashay laga yaabo in ereyda uu yaqaanno oo dhami aysan ka badnayn seddax kun oo erey.
- Dadkii xilligii Kacaanka joogay, gaar ahaan kuwa wax qora waxay lahaayeen aqoon. Berigii hore, qof kasta ma hawaysan jirin inuu

wax qoro ee qof wax yaqaanna kaliya ayaa wax qori jiray, haddase wixii oo dhan ayaa jaanta rogay oo Shan-iyo-tobanjir aan xaafaddiisa dhaafin ayaa wax qoraya, asagoo aan afkii si fiican u garanayn, aqoon kale oo badanna lahayn.

2.4.1. XOOGGA DALKA IYO KAALINTOODII HORUMARINTA AFKA

Ciidanka Xoogga Dalku kaalin aad u xoog badan ayuu ku lahaa horumarinta af Soomaaliga, waxayna ahaayeen dadkii ugu horreeyay ee af Talyaaniga iyo af Ingiriiska ku shaqaynayay ee u rogay af Soomaali, islamarkaana sameeyay buugaag Maktabaddii Ummadda lagu kaydiyay. Waxay sameeyeen wax inta la qoray la isku xiray oo, tusaale ahaan, waxay billaabeen inay yiraahdaan "1, 2, 1, 2; bidix jeeso, midig jeeso," ereydaasna waxay ka soo tarjumeen waxyaabihii ay tababarrada ku soo qaateen oo afafka qalaad ahaa. Marka, islamarkiiba ereyadii farsameed ee qalaad ee ku jiray aqoonta ciidamada ayay Soomaaliyeeyeen; sidoo kale, magacyada hubkii ay haysteen ayay Soomaaliyeeyeen, ayagoo isticmaalaya qaamuus jiray oo arrimaha ciidamada ku saabsanaa oo af Ruush ku qornaa. Qaamuuskaas ayay af Soomaali u rogeen.

Haseyeeshee, mushkiladdu waxay ahayd inay bixiyeen wax yar oo ka mid ah qaamuusyadii ay sameeyeen, ayaga oo taas uga jeeday inaan la ogaannin howlahooda, maaddaama ay sir ciidan ahayeen. Taasi waxay ku tusinaysaa inay wax badan sameeyeen, marba hadii ay qaar siraysanayeen. Guud ahaan, door muuqda ayay ku lahaayeen ciidamadu horumarinta afka oo si wanaagsan ayay uga shaqeeyeen wixii naxwe iyo ereybixinna ahaa ee howshooda la xiriiray.

2.5. XAALADDA AF SOOMAALIGA EE MAANTA

Af Soomaaligu hadda wuxuu marayaa marxalad, run ahaantii, aan lagu farxayn, waxaana sabab u ah arrimaha soo socdo:

- Warbaahinta, gaar ahaan raadiyayaasha oo shaqaaleysiiyay dhallinyaro ay liidato aqoontooda afka, oo warbixinnada soo ururiya ama tebiya. Saxaafaddu waxay ka mid ahayd meelaha laga saxo, lagana horumariyo afka.

- Waxaa kaloo meesha ka baxay hooyooyinkii Soomaaliyeed ee carruurta u ahaa macallinka koowaad ee luqadda, maxaayeelay waxay galeen suuqayada oo nololmaalmeedkii ayay dhicinayaan; isma helaan hooyadii iyo carruurtii; awoowe iyo ayeeyadii wax laga sii baran jiray ayagana maba jiraan, oo reerka oo markii hore hal meel wada degganaa ayaa kala fogaaday.
- Burburkii dowladdii dhexe ka dib, waxaa aad u baaba'ay ereyadii afka Soomaaliga, ayadoo qaabdoorin iyo maroorin laga buuxiyay, lana qalloociyay qaabdhismeedkii weerta. Khaladaadka la sameeyo waxaa ka mid ah:

Ereyo la galiyay meel aysan lahayn ama wax aysan ahayn: Tusaale: dadka badankood waxay dhahaan "madfac ayaa la tuuray". Madfac lama tuuro; ereyga tuurid waxaa loo adeegsadaa wax gacantaada ku jira, sida dhagax iyo wax la mid ah ama wax ay calaacashaadu qaaddo. Haddaba, madfac waa la ridaa, xabadna waa la ridaa, waa la gamayna waa aad oran kartaa. Sidoo kale, 'Cali iyo Xasan way "fakteen", way "fakadeen" ayaa sax ah. "Muruq maalato" ma aha ee waa "muruqmaal".

Ereyo shaqalka laga tago: Ereyada qaar shaqalkii ayaa laga tegay. Tusaale: dadka qaar ayaa isku qalda "daryan" iyo "daryaan", oo waxay dhahaan: "daryan" ayaa ka yeeraya. Shaqal ayaa laga tegay, oo "daryaan" oo shaqal dheer ah ayaa sax ah.

Ereyo xarfahooda la soo kala hormariyay: Waxaa kaloo qalad ka jiraa isticmaalka ereyo xarfahooda la soo kala hormariyo. Tusaale: qof ayaa waydiinaya "Jaamac ma joogaa?", markaas ayaa loogu jawaabayaa "waa joogaa, laakiin ma la arki karo."

Haddaba, weedha qaldan waa "ma la arki karo". Maxaa la sameeyay? "Lama arki karo" ayay sax ku ahayd, oo "L" ayaa inta laga tegay gadaal la galiyay.

Ereyo markii jamac laga dhigaayo la qaldo: Waxaa kaloo jira in jamacii si kale loo samaynayo. Tusaale: ereyga "ballan" ayay jamac ka dhigayaan, markaas ayay leeyihiin "ballanyaal"; waxaa sax ah "ballamo". "Su'aal" kuma jamcin kartid "su'aalooyin" ee waa in aad dhahdaa "su'aalo". Waxaa jira ereyo lumiya xaraf markii ay jamac noqdaan; tusaale: xero (xeryo), jilib (jilbo), hawar (hawro), dalab (dalbo), garab (garbo), dheri (dheryo), tulud (tuldo), iwm, waxaas oo dhan shaqal ayay luminayaan; balse ayagu (dadka sida khaldan jamaca u samaynaya) waxay uga baxeen -yaal -yaal. Jamaca "xero" badanaa dadka waxay u jamciyaan si qaldan, oo waxay dhahaan "xerooyin", sida saxda ahise waa "xeryo". Sidoo kale, markii "bil" jamac laga dhigayo dhammaan dadka - xataa raadiyaha - waxay dhahaan "bilooyin"; "bilo" ayayna ahayd, oo xarafka "o" kaliya ayaa ku darsamaya.

Ereyada markii tiro ka hormarto aan isbeddelin: Magacyada marka ay ka horreyso tiro, lama jamcin karo. Tusaale, "5 nin" ayaad leedahay ee ma dhahaysid "5 niman."

Ereyo laga tegay: Tusaale: "shir albaabada u xiran" waxaa laga rabay "shir albaabadu u xiranyihiin", sidoo kale "nin shaqo ku lahayn" ma aha ee waa "nin aan shaqo ku lahayn".

Ereyo xarfahooda labalaabma laga tegay: Xarfaha labalaabma ee laga tegay waxaa ka mid ah: "boorin" oo ahayd "boorrin", "duraamo" waa "durraamo", "caraabo" waa "carraabo", "qadaro" waa "qadarro", "xarago" waa "xarrago", "cadaalad" waa "caddaalad", "Cadaani" ayaa la qoraa sida saxda ahise waa "Caddaani". Marka xarafka "D"da ay laba shaqal dhinacyada ka jirto waxay u dhawaaqdaa sida *"the"*-da afka Ingiriiska oo kale.

Dhinaca habqoraalka marka la eego, waxaa muuqata in cid waliba u leexatay inay wax ku qorto lahjaddeeda gaarka ah burburka ka dib, taasina waxay wiiqday habqoraalkii guud ee ku qotomay lahjad dhexe oo la wada adeegsado. Balse, taasi dhibaato weyn ma aha oo af Soomaaligu asaga ayaa is toosin doona, waxaana soo bixi doonta oo la qaadan doonaa lahjaddii hal-abuurkeedu xoogaysto, sidii Talyaaniga ka dhacday oo kale. Dalkaas waxaa ka jiray lahjado badan markii Itaaliya midowday. Lahjadda *"Toscana"* ayaa la qaatay, sababtuna waxay ahayd in qoraayaashii ugu fiicnaa ee berigaas ay ayada wax ku qorayeen; sidaas ayay lahjadihii kale oo dhan kaga soo dhex baxday.

2.5.1. SAAMAYNTA HORUMARKA TIKNOOLOOJIYADEED EE AF SOOMAALIGA

Guud ahaan farsamada casriga ah ama tiknooloojiyadu waxay ka qaybqaadatay horumarka iyo dibudhaca af Soomaaliga, labadaba. Marka dhinac laga eego, degellada iyo baraha bulshadu waxay dhiirrigeliyeen barashada far Soomaaliga. Taas waxaa ka markhaatikici kara qurbajoogta, oo baahida akhris ee uu qabo ilmaha Soomaaliyeed ee qurbaha ku dhashay, kuna koray ayaa dhiirrigelisay barashada far Soomaaliga, maxaayeelay wuxuu u baahday inuu akhriyo wararka ay qorayaan deggellada adeegsada af Soomaaliga, ama uu cid kale kula xiriiro baraha bulshada; sidaas darteed, wuxuu ku khasbanaaday inuu barto far Soomaaliga.

Sidoo kale, qofka doonaya inuu isticmaalo telefoonka gacanta ayaa ku khasban inuu barto far Soomaaliga. Waagii hore, telefoonnada gacantu waxay lahaayeen calaamado fududaynaya isticmaalkooda, balse kuwa beddelay, sida *smart phone*-ka waxay la yimaadeen xarfo meeshii calaamadaha; sidaas darteed, qofku wuxuu ku khasbanyahay inuu ugu yaraan yaqaanno farta iyo hingaaddeeda, si uu u adeegsado telefoonka. Intaa waxaa dheer, suxufiyiinta wararka ku tebinaya af Soomaaligu waxay soo siyaadinayaan ereybixinno iyo waxyaabo cusub oo micno leh. Sidaas awgeed, adeegisga kala duwan ee tiknooloojiyadu wuxuu qayb weyn ka qaadanayaa adeegsiga afka iyo horumarkiisa.

Fursadaha ay tiknoolojiyadu bixinayso ee kaalmaynaya adeegsiga af Soomaaliga waxaa ka mid ah kombuyuutarka, kaasoo faa'iidaynaya waxyaaba kala duwan. Tusaale ahaan, kombuyuutarka waxaad u isticmaali kartaa inuu kaa saxo hingaadda. Dabcan, hadda kuma diyaarsana af Soomaali oo ma bixinayo adeeggaas, balse waa la samayn karaa; siyaabaha loo suuragelin karo waxaa ka mid ah, tusaale ahaan, in qaamuuska af Soomaaliga la geliyo kombuyuutarka asagoo *online* ah, hadba ereyga aad u baahatana aad ka raadin kartid, si uu hingaadda, iwm kuugu saxo.

Dhinaca kale, adeegsiga tiknooloojiyadu wuxuu la yimid dhibaatooyin wiiqaya horumarka af Soomaaliga. Tusaale ahaan, dadka adeegsada baraha bulshada waxay soo gaabiyaan ereyada marka ay isla xiriirayaan, taasina waxay keeni kartaa in luqaddii rasmiga ahayd meesha ka baxdo, si tartatiib ah.

Warbaahinta marka loo yimaado, kaalin weyn ayay ka qaadataa koboca afka, dhaliilo la tilmaami karana way leedahay.

Arrinta loo baahanyahay in lagu baraarugo ayaa, haddaba, waxay tahay in markii la rabo in afka si cilmiyaysan ama si xirfadaysan loo adeegsado, oo nololmaalmeedkii caadiga ahaa mooyaane, lagu isticmaalo maamulka, waxbarashada, warbaahinta, qorista buugaagta, iwm; waxaa lagama maarmaan ah in la tababaro qofka adeegsigaas xirfadaysan samaynaya, taasoo hadda ah mid meesha ka maqan.

2.6. HORUMARINTA IYO XOOJINTA AF SOOMAALIGA

2.6.1. HALBEEGAYN

Waxaa loo baahanyahay in ereyada loo sameeyo "halbeegayn" ama midayn, si ay u suuragasho in kombuyuutarku sixi karo hingaadda. Halbeegayntu waxay ereyada isugu xiraysaa sida ay isu raaci karaan. Taasi waxay sahlaysaa in kobuyuutarku macnihii fahmo, wixii khalad ahna qabto. Halbeegayntaasi waxay muhiim u tahay kafa'iidaysiga teknooloojiyada.

Waxaa kaloo loo baahanyahay in qaabqoraalka la mideeyo; sidoo kale, waxaa loo baahanyahay qaamuus midaysan, kaasoo xambaarsaan ugu yaraan 80,000 oo erey. Ereyada aan ku jirin dhaqannkeenna iyo nolosheenna waan soo amaahan karnaa, maxaayeelay annagaba waa nalaga qaatay ereyada qaar sida: ereyga 'Garanuug' oo afaf qalaad ku jira – *Japanese, German*, iwm. Haddii aad u fiirsatid afka Ingiriiska 40% waa amaahasho oo *Latin*-ka ayay ka soo qaateen. Tusaale ahaan, magacyada dhirta iyo xayawaannada aan waddankeenna laga helin waa inaan soo amaahannaa. Marka la mideeyo ayaa qaamuuska la gelinayaa *"data base"*-ka oo kaa saxaya qaladaadka kuuna tifaftiraya.

2.6.2 HORMARINTA CILMIGA *SARFI-GA*

Sida lagu ogaaday cilmibaaris, cilmiga *sarfi-ga* wuxuu ka mid yahay meelaha afka Soomaaligu ugu liito. "*sarfi-ga*" wuxuu la xiriiraa cilmiga dhismaha ereyga, halka naxwuhu ka shaqeeyo dhismaha weedha. Horumarka laga sameeyay dhismaha weedha ayaa ka badan kan *sarfi-ga* laga sameeyay. Haddaba, waxaa muhiim ah in loo soo jeesto, horumarin ku filanna lagu sameeyo cilmiga "*sarfi-ga*".

Cilmiga *sarfi-ga* wuxuu u baahanyahay dadaallo billow ah iyo sii kobcin. Cidda hadda aadka ugu baahan cilmigan *sarfi-ga* waa dadka qurbajoogta ah ee ubadka ku dhalay qurbaha, oo aan haysan bulsho ay luqaddii iyo fartii ka dhex bartaan. Si af Soomaaliga loo baro bulshadaas iyo ubadkaas qurbaha jooga, waa in wax qoran la helo, taasina waxay qasbaysaa in harumarin lagu sameeyo cilmiga *sarfi-ga* iyo halbeegaynta. Labadaasi waa baahida ugu horreysa ee ilmaha qurbuhu qabaan. Dabcan baahida naxwuhuna way jiraysaa. Haddaba, si aan af Soomaali ugu dabbaqno nolosha casriga ah, islamarkaana loola socdo ubadka Soomaaliyeed, kuwa dugsiyadeenna hadda wax ku baranayana afka Soomaaliga si xirfadaysan wax loogu bari karo, waxyaabaha u baahan in xoogga la saaro waxaa ka mid ah tiknooloojiyada, gaar ahaan kombuyuutarka iyo fursadaha uu xambaarsanyahay.

CUTUBKA 3AAD

CUTUBKA 3AAD

SAAMAYNTA QORISTII AF SOOMAALIGA EE WAXBARASHADA DALKA

Barfasoor Xuseen Tooxoow Faarax
Barfasoor Maxamuud Cumar Aadan (Saxane)
Barfasoor Maxamed Cilmi Tooxow
Maxamed Cabdulqaadir Nuur

3.1. HORDHAC

Guud ahaan, waxbarashada casriga ah ee Soomaaliya waxay soo martay afar marxaladood: (i) waxbarashadii gumaysiga (ii) waxbarashadii dowladaha rayidka ee 1960 -1969. (iii) waxbarashadii kacaanka, iyo (iv) waxbarashadii muddada burburka iyo sookabashada.

Marka laga hadlo xilligii gumaysiga, laba caqabadood ayaa haysatay waxbarashada. Tan koowaad, waxbarashadii xilligaas waxaa lagu maamulayay siyaasad gumaysigu dejiyay, taasoo aan loo qaabayn inay xalliso baahida waxbarasho ee dadka Soomaaliyeed, balse loogu talagalay shaqaalihii gumaysiga iyo qoysaskoodii. Tan labaad, afaf kala duwan ayaa wax lagu baranayay. Dugsiyadii Koofurta waxaa lagu dhigan jiray af Talyaani, halka dugsiyadii Woqooyiga wax lagu baran jiray af Ingiriis. Taasi waxay keentay in la is fahmi waayo markii ay labada gobol midoobeen.

Marka loo yimaado xilligii dowladaha rayidka, waxbarashadii jirtay waxay ahayd tii gumaysiga laga dhaxlay oo aan wax weyn laga beddelin, taana waxaa sabab u ahaa dowladda oo ahayd mid dhaqaala ahaan tabar yar. Dhinaca kale, saamayntii afafka kala duwan ayaa weli sii jirtay markaas, ayada oo wax lagu baranayay seddax af: af Ingiriis, af Talyaani, iyo af Carabi. Taasi waxay waxbarashadii ka dhigtay mid tayadeedu liidato.

Marxaladda seddaxaad oo ah xilligii kacaanka, waxbarashadu waxay samaysay horumar la taaban karo, waxaana lagu tilmaami karaa in waa cusubi u beryay. Waxyaabihii ugu horreeyay ee ay ku dhaqaaqeen qoladiii kacaanku waxaa ka mid ahaa tayaynta iyo fidinta waxbarashada. Waxaa markii u horraysay la sameeyay siyaasad waxbarasho oo ku salaysan afka iyo dhaqanka dadka Soomaaliyeed. Waxaa kaloo meesha laga saaray caqabadihii ka imanayay afafka kala duwan, ayadoo af Soomaaliga laga dhigay afka waxbarashada.

Marxaladda afaraad oo ah xilliga burburka iyo sookabashada, waxbarashadu waxay la kulantay dibudhac weyn. Nasiibwanaag, waxaa jiray dadaallo la sameeyay, kuwaasoo suurageliyay in la dabaqabto, dibna loo soo nooleeyo waxbarashada.

Cutubkani wuxuu ka hadlayaa saamayntii ay qorista af Soomaaligu ku yeelatay waxbarashada, waxana laga diyaariyay waraysiyo laga qaaday xeeldheerayaal muddo dheer ka soo shaqaynayay waxbarashada Soomaaliya, kuwaasoo isugu jira barfasooro iyo maamulayaal goobo waxbarasho oo isugu jira dugsiyo iyo jaamacado.

3.2.	KAALINTII AF SOOMAALIGA EE WAXBARASHADA BURBURKII KA HOR

Sida la wada ogyahay, farta Soomaaliga waxaa la qoray sannadkii 1972. Dabadeed, durbadiiba waxaa la billaabay hirgelinteeda, ayadoo lagu billaabay shaqaalaha dowladda iyo bulshadii caadiga ahayd ee ku noolayd degmooyinka. Intaa dabadeed, waxaa la soo rogay in dugsiyada waxbarashada lagu dhigo af Soomaali. Guddi macallimiin ah oo howshaas loo xilsaaray ayaa suurageliyay in buugaagtii waxbarashada loo rogo af Soomaali, dabadeedna dugsiyada loo qaybiyo. Muddo hal sano ah oo kaliya ayay qaadatay in laga hirgeliyo af Soomaaliga waxbarashada dugsiyada.

Qorista af Soomaaligu waxay horumar weyn ku soo kordhisay waxbarashada, maxaayeelay dadka badankiisu waxay ahaayeen kuwa aan wax qorin, waxna akhrin markaa ka hor; waxaana suuragashay in qofku awoodi karo inuu sii wado waxbarashada ilaa uu heer ka gaaro.

Waxaa kaloo ay qoristii af Soomaaligu fududaysay in af Soomaaliga lagu dhigo dugsiyada, maaddooyinka oo dhamina ay af Soomaali ku baxaan, halkii markii hore ay afaf kale ku bixi jireen.

Haseyeeshee, af Soomaaliga, laf ahaantiisa, lagama qaban shaqadii loo baahnaa, si uu u noqdo mid horumarsan. Waxay ku habboonayd in la hagaajiyo naxwaha, habqoraalka, ereybixinta, iwm, balse taasi ma dhicin oo meeshii ayaa looga tegay.

Dhinaca kale, waxaa jiray dad u arkayay in af Soomaaligu yahay mid aan wax lagu baran karin, oo lagu soo rogay dugsiyada ayadoo aan laga baaraandegin, islamarkaana keeni doona hoosudhac ku yimaada tayada waxbarashada. Waxaa, haddaba, muddo ka dib dhacday in tiradii ardayda oo markii hore soo kordhaysay ay hoos u dhacday. Dad badan ayaa taas ku eedeeyay af Soomaaliga. Waxaa billaabatay in waalidiintii ay carruurtooda kala baxaan dugsiyadii ay dowladdu maamulaysay, ayagoo ka diiwaangeliyay dugsiyo gaar loo leeyahay, maaddaama ay aamineen in taya ahaan laga fiicnaa dugsiyada dowladda. Tayaxumada waxbarashadii ay dowladdu maamulaysay waxaa laga dheehan karay awoodda aqooneed ee ardayga, oo waxaa dhacaysay in la arko qof fasalka shanaad ah oo aan wax qori karin. Dhibaatada haystay dugsiyada waxbarashada waxay gaartay in xataa macallimiintii qaarkood ay dalka ka baxaan oo dibadda u shaqa tagaan, qaarna shaqadii imaan waayaan, ayagoo dalka jooga. Waxay ku dhowaatay in waxbarashadu istaagto gebi ahaanteed.

Inkastoo dad badani eersadeen af Soomaaliga, haddana la iskama indhatiri karin, oo saamaynta burbur guud oo si tartartiib ah ugu socday hay'adihii dowladda oo dhan ayaa ka mid ahayd sababihii keenay hoosudhacii tayada waxbarashada.

3.3. AF SOOMAALIGA IYO NIDAAMKA WAXBARASHADA BURBURKA KA DIB

Sidii aan hore u soo sheegnay, af Soomaaligu wuxuu ahaa luqadda ay dugsiyadu adeegsadaan ee ardayda wax lagu baro, maaddooyinka oo dhamina ku baxaan burburkii ka hor, marka laga reebo af Ingiriiska iyo Carabiga. Laba kaalimood ayuu af Soomaaligu ciyaariyay, marka la eego nidaamkii waxbarashada ee hore. Mar wuxuu ahaa afka wax lagu barto, marna wuxuu ahaa maaddo manhajka qaranka ka mid ah oo dugsiyada laga dhigo.

Waxaan kaloo hore u soo sheegnay in hoosudhaca af Soomaaligu uu billowday intii aan burburku dhicin. Haddaba, sax iyo khalad tay ahaydba, baasaysigii af Soomaaliga ee la xiriiray tayaxumida waxbarashadu waxay saamayn ku yeelatay dareenka bulshada. Sidaas darteed, markii burburku dhacay, oo ay meesha ka baxday dowladdii soo rogtay adeegsiga af Soomaaliga ee dugsiyada waxbarashada ayaa loo qaatay inay timid xorriyad suurtagal ka dhigaysa in wax la kala doorto, taasina waxay keentay in waxbarashadii dib loo soo celiyo, ayadoo la adeegsanayo afaf qalaad.

Qaar ka mid ah bahdii waxbarashada oo is abaabulay ayaa go'aansaday inay dib u soo celiyaan waxbarashadii dalka. Guddi ayaa la dhisay sannadkii 1993, si ay howshaas uga shaqeeyaan, waxaana laga billaabay in la isu keeno macallimiintii, intii markaa la isla heli karay. Waxaa la dayactiray dugsiyadii dagaallada ku waxyeelloobay. Waxaa la isku dayay in la raadiyo, oo la soo ururiyo buugaagtii manhajka waxbarashada, waxaana dadaal dheer ka dib lagu guulaystay in la soo helo buugaagtii dugsiga hoose qaarkood (fasallada 1aad ilaa 4aad kaliya), dibna loo daabaco.

Intii uu socday dadaalkii dib loogu soo noolaynayay waxbarashadu, waxaa taageero laga helay hay'adaha: UNESCO, UNICEF, WFP WFL, *Concern*, iyo kuwa kale. Hay'adahan waxay dhamaantood ku adkaysteen in la raaco manhajkii jiray markii ay dowladdu burburtay. Balse qolyo kale oo Carabaha taageero ka helayay ayaa doonayay in dugsiyada waxbarashadu adeegsadaan, maaddooyinkuna ku baxaan af Carabi. Halkaas waxaa ka muuqata in af Soomaaliga cidla looga tegay oo uu tol waayay. Muddo ka dib, waxaa soo baxay dallado waxbarasho, kuwaasoo laba u qaybsanaa: qayb

Carabiga adeegsata iyo qayb Ingiriiska adeegsata. Hoosudhacii af Soomaaligu wuxuu gaaray in xataa aan maaddo ahaan loo tixgelin, oo todobaadkii hal xiiso la siiyo, halka af Ingiirsiga la siinayay afar ama shan xiiso. Waalidiinta laftoodu waxay ka mid ahaayeen awooddii ka dhanka ahayd af Soomaaliga, ayagoo u janjeeray luqadaha kale, maxaayeelay waxay aaminsanayeen inaan carruurtoodu heli doonin fursado shaqo haddii af Soomaali wax lagu baro. Markii dambe, waxay noqotay in af Ingiriisiga la isugu wada tago, oo xataa Carabigii daaqadda laga saaray.

Waxay ahayd dhiigjoojin, oo waxaa lagu guulaystay in ardaydu ay waxbarasho u kallahaan, halkii ay meelo xunxun, sida: daroogo, mooryaannimo, iwm u jarmaadi lahaayeen. Haseyeeshee, ma ahayn waxbarasho habaysan oo siyaasad iyo ujeeddooyin waxbarasho oo dalku leeyahay ku qotonta, run ahaantiina ma lahayn tayadii waxbarasho ee loo baaahnaa. Goor dambe ayaa la billaabay in af Soomaaliga maadda ahaan loo dhigo, sidaas ayuuna ku socday ilaa waqti dhow.

Haddaba, adeegsiga manhajyada shisheeye waxay hoos u dhigtay, guud ahaan, tayadii waxbarashada, maxayeelay waxaa is dhimay awooddii fahamka ee ardayda. Ardayga, gaar ahaan marka uu yaryahay, ma jiro af aan kan hooyo ahayn oo uu si fiican wax ugu fahmi karo. Tusaale ahaan, marka ilmaha yar loo sheego: "laba lagu daray laba waxay la mid tahay afar" si ka wanaagsan sida marka af qalaad loogu sharxo ayuu u fahmayaa. Sidoo kale, marka loo sharxayo tibaax saynis ah, sida magacyada: "Noole iyo Manoole" waxaa aad u sahlan inuu macnaha sawirto oo uu hore ka fahmo, illeyn waa afkiisii hooyo e; balse haddii isla tibaaxdaas af qalaad lagu sheego, fahamka ardayga ayuu jahawareer ku dhici karaa: ma micnihii ereyga ayuu raadiyaa mise cilmigii uu xambaarsanaa?

3.4. AF SOOMAALIGA IYO WAXBARASHADA MUDDADII DOW-LAD-DHISIDDA

Muddadii lagu jiray dowlad-dhisidda, Wasaaradda Waxbarashadu waxay ku guulaysatay in la qoro manhajkii iyo siyaasaddii waxbarashada, kaasoo dhigaya in waxbarashada dugsiga H/Dhexe lagu dhigi karo af Soomaali oo kali ah, luqadaha kalena aan lagu adeegsan karin marka laga reebo in maaddo ahaan loo qaadan karo.

Manhajka, oo la dhaqangeliyay 2018, wuxuu ku qoranyahay af Soomaali; waana mid si wanaagsan looga shaqeeyay, ayadoo la raacay xeerarka af Soomaaliga ee jira. Taasi waxay siinaysaa af Soomaaliga fursad uu ku xooogaysto mar kale.

Manhajkaas iyo midka dugsiga sare, oo asagana dhowaan la soo saaray, ayaa suurtageliyay in ardaydu isku af wax ku bartaan markii ugu horraysay ilaa billowgii burburka. Dhab ahaantii, waa manhaj Soomaaliyeed oo taariikhi ah, si fiican looga fakaray, dhammaantiis isku nuuc ah; Soomaalidu samaysatay, Soomaaliduna leedahay. Ayadoo wax laga baranayo diidmadii hore ee ka dhanka ahayd adeegsiga af Soomaaliga, islamarkaana la tixgelinayo baahida loo qabo in la soo nooleeyo af Soomaaliga ayaa la go'aansaday in af Soomaali lagu dhigo dugsiyada H/Dhexe, balse la oggolaado inay waxbarashadu ku bixi karto luqada kale, gaar ahaan heerka dugsiga sare. Taas micnaheedu wuxuu yahay in dhammaan waxbarashada heerka dugsiga H/Dhexe lagu dhigi karo af Soomaaliga oo kaliya, marka laga reebo dugsiyada caalamiga ah, kuwaasoo loo oggolyahay inay manhaj kale qaataan, maaddaama ujeeddadooda waxbarasho ay ka duwantahay midda waddaniga, islamarkaasna aysan ku xiranayn habka waxbarashada ee dalka. Dugsiyadaas, oo tiradoodu yartahay, waxay raacaan manhajka caalamiga ah ee loo yaqaan *"International General Certificate of Secondary Education (IGCSE)"*, shahaadooyinkoodana waxaa bixiya hay'ado waxbarasho oo caalami ah.

3.4.1. AQOONTA AF SOOMAALIGA EE MACALLIMIINTA

Inkastoo manhajkii af Soomaaliga la sameeyay, buugaagtuna af Soomaali ku diyaarsanyihiin, haddana waxaa weli taagan caqabad la xiriirta macallimiinta af Soomaaliga. Guud ahaan, macallimiinta tababaran ee ka soo baxday kulliyad ama machad waxbarasho waa kuwo tiradoodu yartahay, oo waxaa lagu qiyaasay inay 25% ka yihiin tirada guud ee macallimiinta. Inta hartay (75%), ma haystaan takhasus ama tababar la tilmaami karo ee macallinimo. Intaa waxaa dheer, ayaga laftooda macallinnimadu uma aha xirfad joogta ah, balse waa kumeelgaar, oo waxay shaqadaas wadayaan inta ay shaqa kale ka helayaan. Taasi waxay ka dhigantahay inaan macallimiinta badankoodu takhasus iyo khibrad macallinimo toonaa lahayn, illeyn raagiba maayane. Dhibaatadaasi waa mid taagan, xasaasi ah, welina aan xal loo helin.

Haseyeeshee, arrintaasi waa mid wasaaraddu ka warqabto, dareenkeedana leedahay, ayadoo ka fikiraysa sidii waxbarashadu u heli lahayd macallimiin tababbaran oo leh awoodda aqooneed iyo xirfadeed ee macallinimo, ha noqdaan kuwa hadda shaqeeya ama kuwa shaqada ku soo biiri doona. Ilaa hadda, Wasaaradda waxay diyaarisay manhajnkii tababarka ee ay raaci lahaayeen macaahidda qabanaysa tababarrada nuucaas ah; waxa dhimmani waa helitaanka macaahiddii dhigi lahayd iyo dadkii bixin lahaa tababarrada.

Tira-yaraanta macallimiinta af Soomaaliga waxay ahayd dhibaato jirtay xataa xilligii dowladda kacaanka. Kulliyaddii Lafoole ee waxbarashada oo lagu tababari jiray macallimiinta, ma lahayn qayb ama waax si gaar ah loogu tababaro macallimiinta af Soomaaliga, mana ahayn af Soomaaligu maaddo lagu takhasuso oo muhiim ah. Marka takhasus la samaynayo waxaa jira maaddada koowaad (major) iyo maaddada labaad (minor). Haddaba, marka la eego dadkii ka soo baxay Kulliyaddii Waxbarashada ee Lafoole, ma jirin xataa qof af Soomaaligu u ahaa maaddada koowaad, waxase jiray qaar ay u ahayd maaddada labaad. Dadkaas, oo markoodii horeba tira yaraa, hadda waxay isugu jiraan qaar dalka ka maqan, qaar dhintay iyo qaar howlgabay. Macallimiintii waagaas af Soomaaliga ka dhigi jiray Kulliyadda Lafoole waxaa ka mid ahaa: Muuse Galaal, Gaarriye, Xaaji Raabbi, Ciise Maxamed Siyaad, Cabdalla Cumar Mansuur iyo rag kale.

Tababarrada macallimiinta ee hadda jira waa kuwa waqtigoodu gaabanyahay, sidaas darteedna aan keeni karin isbeddelka loo baahanyahay. Hay'adaha aan dowliga ahayn ayaa inta badan qorsheeya oo qabanqaabiya tababarrada nuucaas ah, ayadoo aan Wasaaraddu saamayn weyn ku lahayn. Qofka macallinnimo loo diyaarinayo wuxuu u baahanyahay tababar dhammaystiran.

Marka la eego siyaasadda waxbarashada, tababarka, tusaale ahaan, macallinka dugsiga H/Dhexe waxaa looga baahanyahay inuu soo maro machad, halkaasoo uu ka qaadanayo tababar soconaya ugu yaraan laba sano. Taa marka la barbardhigo tababar soconaya todobaad, iwm, waxaa la fahmi karaa sida ay u kala mug weynyihiin. Gaar ahaan, waxay baahi weyni ka jirtaa macallimiinta af Soomaaliga, oo hadda iska qasbada maaddaama ay afkii yaqaannaan, balse waxaa maqan aqoontii af Soomaaliga ee xirfadaysnayd. Waxaa kaloo maqan xirfaddii guud ee macallinimada (dariqada waxbaridda, iyo lamacaamilka iyo fahamka ardayda, iwm). Tusaale ahaan, waxaa laga yaabaa in macallinka aan tababarnayni dhibaato u arko dulqaadyarida ardayga ay da'diisu yartahay.

Tababarka macallimiintu wuxuu leeyahay laba heer: Heerka dugsiga H/Dhexe iyo heerka dugsiga sare. Qolada hore waxaa soo saara macaahidda, halka qolada dambe ay soo saaraan jaamacaduhu. Marka la soo koobo, ardayda Soomaaliyeed waa dad maskax furan, waxna fahmi og; macallimiintuna waa dad wax gudbin kara, balse dhibataadu waxay ka imanaysaa tababarka macallimiinta oo aan hagaagsanayn. Waqtiga hadda la joogo, macaahidda tababarka macallimiinta ee dalkeennu waa kuwo aad u yar tira ahaan, oo min hal machad ayaa ku yaal Garoowe, Kismaayo iyo Muqdisho. Balse jaamacado fara badan ayaa leh kulliyado waxbarasho. Sidaas oo ay tahay tirada ardayda barata macallinnimada ee ay kulliyadahasi helaani waa mid aad u yar, sababtuna waxay tahay inaan la jeclayn shaqada macallinnimada. Dhibaatadaasi ma aha mid Soomaalida u gaar ah, waxaase laga yaabaa inay si gaar ah dalkeenna ugu badantahay.

Gudaha marka la yimaado, jaamacadaha Woqooyiga, sida Camuud, tira fiican oo arday macallinnimada barata ah ayay helaan. Haseyeeshee, jaamacadaha Koofurtu ma helaan arday xiisanaysa barashada macallinimada af Soomaaliga; waxaba suurtagal ah in kulliyadaha qaarkood aysan xataa helin hal qof, inkastoo ay waxbarashadoodu lacag la'aan tahay. Waxaa runtii dhibaato weyn ah in maaddooyinka kale, oo ay ku jiraan luqaduhu, macallimiintooda la heli karo, balse aan la helayn macallimiin af Soomaali dhigta. Tan kasii darani waxay tahay in dhib lagala kulmay diyaarinta maaddada Soomaaliga markii manhajnka cusub la samaynayay, waxaana la yaab ahayd, laguna baraarugay waqtigaas in aysan jirin cid aqoon gaar ah u leh af Soomaaliga, oo jaamacad uga soo baxday, halka la helay dad Soomaali ah oo ku takhasusay maaddooyinka kale oo dhan.

Haddaba, su'aashu waxay tahay: sidee lagu soo jiidan karaa ardayda, si ay u daneeyaan kulliyada waxbarashada, oo macallinnimada xiiseeyaan. Taas waxaa sharxi lahaa daraasaad ku saabsan doorashada ardayda ee la xiriirta takhasuska. Haddii la baaro, waxaa dhici karta inay soo bixi lahayd in Kulliyadda Caafimaadka ay tahay tan ay ardayda ugu badani dooran lahaayeen, halka Kulliyadda Waxbarashdu ay noqon lahayd tan ay ardayda ugu tirada yari dooran lahaayeen. Halkaas waxaa ka muuqan lahayd inuu dhaqaaluhu yahay waxa ugu weyn ee saamaynta ku leh go'aanka ardayga, marka la eego wuxuu doonayo inuu barto.

Si kastaba ha ahaatee, dhibaatada af Soomaaligu waa mid ka qotadheer waxbarashada guud iyo tayaynteeda, waxaana loo baahanyhay in dadaal badan la geliyo cilmibaarista af Soomaaliga, islamarkaana la tababaro dadkii ka shaqayn lahaa; markaas ka dib ayaa la heli doonaa macallimiin af Soomaali oo tababaran.

CUTUBKA 4AAD

CUTUBKA 4AAD

CILMIBAARISTA AF SOOMAALIGA
Barfasoor Cabdalla Cumar Mansuur

4.1. HORDHAC

Sidii aan ku soo aragnay Cutubka Koowaad, cilmibaarista af Soomaaligu waa mid soo socotay muddo dheer, ayna ku lug lahaayeen cilmibaarayaal isugu jira Soomaali iyo shisheeye. Cutubkan waxaa looga hadlayaa cilmibaarisyadaas, ayadoo uu Barfasoor Cabdalla Cumar Mansuur, oo ka mid ah khubarada waaweyn ee af Soomaaligu, cutubka kaga hadlayo cilmibaarista af Soomaaliga iyo taariikhdeeda. Wuxuu kaloo Barfasoor Cabdalla xusayaa cilmibaarisyadii uu asagu ka sameeyay af Soomaaliga, iyo muhiimadda ay natiijooyinkii ka dhashay cilmibaarisadiisu u leeyihiin horumarinta af Soomaaliga.

4.2. CILMIBAARISYADII AF SOOMAALIGA EE CABDALLA CUMAR MANSUUR

Cilmibaaristii ugu horreysay ee aan af Soomaaliga ka sameeyay waxay dhacday markii aan jaamacadda dhiganayay. Sannadka ugu dambeeya waxbarashada jaamacadda, waxaa caadi ahayd in la qoro buug qalinjebin ah. Annaga oo markaa af Talyaani iyo af Ingiriisi wax ku baranayna ayaa, haddaba, sannadkii 1974 waxaa la soo saaray xeer dhigayay in arday kasta oo jaamacadda ka qalinjebinaya looga baahanyahay inuu af Soomaali ku qoro buuggiisa qalinjebinta.

Xeerkaas waxaa ka horreeyay mid kale oo amrayay in shaqaalaha dowladdu ay ku bartaan farta Soomaaliga muddo bil gudaheed ah; waxaa la qaaday imtixaan, kaasoo qofkii ku dhaca laga joojinayay mushaharka. Sidaas awgeed, waxay noqotay inaan ku barannay far Soomaaliga ayaamo kooban gudahood.

Maaddaama ay waxbarashadaydu la xiriirtay suugaanta oo aan af shisheeye ku baranayay, wax kale iima bannaanayn aan ka ahayn inaan wax ka qoro suugaanta af Soomaaliga. Balse, wax la yaab leh ayay arrintani ila ahayd markaas, maxaayeelay ma dhagaysan jirin, waxna kama fahmi jirin marka aan ka maqlo raadiyaha heeso iyo gabayo. Tan ugu daran waxay ahayd, markii aan maqalno gabyaagii caanka ahaa ee Cali Xuseen oo gabyaaya, waxaan dhihi jirnay "waa kii geelka u heesaayay", dhegna jalaq uma siin jirin. Haddaba, ayadoo markaas uusan qiimaba iigu fadhinin af Soomaaligu, aadna u danaynaayay barashada afafka Carabiga iyo Talyaaniga, ayay lagama maarmaan noqotay inaan wax ku qoro af Soomaali.

Sidaa darteed, waxaan go'aansaday inaan wax ka qoro suugaanta, gaar ahaan waxa ay ku dhisantahay "maansada Soomaaliyeed". Waxaan qaatay wax la yiraahdo "Ereyada Maldahan" oo af Ingiriisiga lagu yiraahdo *"Figurative Language"*, waxaanna ku fekeray inaan is barbardhig ku sameeyo, anigoo ka faa'iidaysanaya aqoontii aan ku soo qaatay af Talyaaniga. Waxaan la kaashaday odayaal iyo dad kale oo aqoon fiican u leh af Soomaaliga, balse aniga ayaa iska lahaa nuxurka qoraalka. Waan ku guulaystay. Kaasi wuxuu ahaa buuggii igu dhiirigeliyay cilmibaarista af Soomaaliga oo aan is iri "wax baad ka qaban kartaa". Waan is mahdiyay wax yar.

Markii aan ka baxay jaamacadda, sannadkii 1975, waxay ku aadanayd xilligii labada abwaan ee Maxamed Xaashi Dhamac (Gaarriye) iyo Cabdullaahi Diiriye Guuleed (Carraale) ay soo saareen xeerka "Miisaanka Maansada"; ayaga hortood lama aqoon waxa uu yahay Miisaanka Maansadu. Gaarriye wuxuu ku soo qori jiray wargayskii Xiddigta Oktoober[70], halka uu Carraale ka soo saaray buug. Arrintaasi waxay ii dhammaystirtay wixii aan rabay oo ahaa inaan wax ka qoro "Astaamaha Guud ee Maansada Soomaaliyeed". Anigoo labadaas suugaanyahan ka soo xiganaya xogta Miisaanka Maansada, kuna kordhinaya ereyada maldahan, iyo qaybaha kale ee maansada Soomaaliyeed ayaan billaabay howshaas. Buuggii aan ka qoray, oo hadda *internet*-ka laga heli karo, wuxuu soo baxay sannadkii 1977. Haseyeeshee, dad badan oo u arkayay in arday badani ka faa'iidaysan karto ayaa igu dhiirrigeliyay inaan dib u habeeyo buuggaas, kaasoo ay daabacaddiisii labaad, oo lagu sameeyay tifaftir dheeraad ahi dhowaan soo bixi doonto.

4.3. CILMIGA AFAFKA IYO LAAMIHIISA

Marka hore, suugaanta iyo cilmi-afeedka waa laba shay oo kala duwan, balse is kaabaya. Cilmi-afeedku waa cilmiga baara waxa uu afku ka koobanyahay. Dadka bartay cilmi-afeedka iyo kuwa suugaanyahannada ah waxaa lagu meteli karaa injineer makaanig ah iyo darawal. Gaariga matoorkiisa, birihiisa iyo waxa uu ka koobanyahay waxaa xabbadxabbad u kala saara, oo cillad bixiya marka uu hallaabo waa qofka makaanigga ah; halka qofka darawalka ah shaqadiisu tahay wadidda gaariga oo kaliya. Haddii aan sii fududayno, cilmi-afeedku wuxuu u kala baxaa dhowr qaybood oo seddaxdani ugu muhiimsanyihiin: (i) qayb baarta codadka, (ii) qayb baarta ereyada iyo sida ay isu rogrogaan, iyo (iii) qayb qaabilsan weeraynta. Si kale haddii loo dhigo, cilmigani waa shaybaarka afka, maxaayeelay waxaa lagu baaraa habdhigaalka ereyada, adeegsigooda quman, iwm. Haddaba, in qofku barto naxwaha ama dhismaha af Soomaaliga wax badan ayay ka tari kartaa geeddisocodka midaynta afka.

Cilmi-afeedku wuxuu muujinayaa in af Soomaaligu leeyahay naxwe uu heerkiisu sarreeyo, kaasoo ka adag midka afafka Ingiriiska iyo Talyaaniga, kana dabadhow Carabiga, oo ah afka ugu horumarsan afafka oo dhan; weliba waxaa la tilmaami karaa in af Soomaaligu meelaha qaar kaga horreeyo

---

70. Wargays af Soomaali ku soo bixi jiray oo ku hadli jiray afka xukunkii kacaanka

af Carabiga.

Qofka suugaanyahanka ah, inkastoo uu afka si wanaagsan u yaqaan, haddana way ku adagtahay inuu fasiro farqiga labadan weerood: "Cali baa Xamar tegay" iyo "Cali Xamar buu tegay" waa laba macne oo kala yar duwan. Macne ahaan, qofka gabyaaga ahi wuu garan karaa, balse kuuma sheegi karo haddii aad waydiiso sababta uu sidaa u noqday habdhismeedkoodu. Tan hore, su'aashu waxay tahay: yaa Xamar tegay? Xamar in la tagay ayaan ogahay, laakiin ma ogin qofka tegay. Sida saxda ah, jawaabtu waa: "Cali baa Xamar tegay." Tan labaad waxay tahay: Cali inuu tegay waan ognahay, laakiin su'aashu waa: "xaggee ayuu tegay?" Jawaabtu waa: "Cali Xamar buu tegay," ee ma dhihi kartid: "Cali baa Xamar tegay."

Naxwe ahaan, waxaa jira waxyaabo af Soomaaligu leeyahay, laakiin afafka kale, sida af Ingiriisiga iyo af Carabiga, aysan lahayn. Af Soomaaliga, yeelaha ayaa la hormariyaa, la-yeelaha ayaa lagu xijiyaa, falkana waa loo dambaysiiyaa. Laakiin Ingiriisiga iyo Carabiga marna falka uma dambaynsiin karaan. Tusaale ahaan, Carabiga, lama dhihi karo *"Cali arrus akala."* Sidoo kale, af Ingiriisiga, lama dhihi karo "Cali *the rice eats*". Halkaa waxaa ka muuqata in, si ka duwan afafka kale, la rogrogi karo ereyada af Soomaaliga, ayadoo ku xiran hadba sida su'aasha loo dhigo; taasina waa tayo u gaar ah afkeenna. Haddaba, Cilmi-afeedyahanku arrimahaas ayuu dersaa.

Sida ay qabaan aqoonyahannada waxbarashadu, ardayga oo loo billaabo barashada afkiisa hooyo iyo naxwihiisa xilliga uu yaryahay ee uu dugsiga hoose dhiganaayo waxay, marka dambe, u fududaysaa barashada afafka shisheeye iyo waxbarashada guud intaba. Burburkii ka hor, waxaa dugsiyada laga dhigi jiray suugaanta Soomaalida; haseyeeshee, ardayda badankoodu ma aqoon waxa ay yihiin: "fal", "qodob", iwm maxaayeelay macallinka ayaamba la barin.

Guud ahaan, markii cilmiga loo kala qaado *culuum* iyo *adab* Soomaalidu, had iyo horraanba, waxay aad u daneeyaan culuumta, sababtuna waxay tahay in rootigii halkaas galay. Tusaale ahaan, waxaa la aamminsanyahay in haddii qofku dhaqtar noqdo uu shaqo fiican helayo si dhakhsa ah, balse haddii uu barto maaddo adab ah, sida cilmigaafeedka, aanu durba shaqa helayn. Xaqiiqadaas ayaa sharxaysa sababta ay dadka Soomaalidu ugu yaryihiin takhasusyada la xiriira cilmi-afeedka iyo maaddooyinka *Adab*-ka guud ahaan.

Haseyeeshee, cilmiga *Adab*-ka, oo la xiriira waxyaabaha xaddaaradda ah, waa mid leh muhiimad weyn, maxaayeelay waa kan qofka dhisa oo waxtar ka dhiga, islamarkaana aanay culuumta kale horumar keeni karin asaga la'aantiis. Tusaale ahaan, qofka injineerka ah markuu wax dhisayo ma daneeyo in la wanaajiyo la macaamilka dadka, is xushmaynta, iwm; maxaayeelay looma tababarin middaas. Cilmiga bulshada ama *Adab*-ka waa kan dhisa akhlaaqiyaadka, wanaajiyana xiriirka dadka. Qisada soo socota ayaa laga dheehan karaa muhiimadda iyo waxtarka cilmigan:

> Taariikhdu markay ahayd 215 M.K.H. ayay Shiinuhu dhiseen darbi aad u dheer, oo dhirirkiisu yahay 8.851,8 km, taaggiisuna yahay 4 -12m, kaasoo la dhisaayay muddo qarniyaal ah. Maxay u dhiseen? Shiinuhu wuxuu markaas ahaa dowlad ka horumarsan dhinac kasta, laakiin qolyaha *Mangol*-ka la yiraahdo iyo kuwo kale ayaa soo weerari jiray. Sidaas darteed, way fikireen, waxayna go'aansadeen inay dhisaan darbigaas dheer, kaasoo maanta ka mid ah waxyaabaha loo yaqaanno "toddobada mucjiso". Markii ay dhiseen derbiga ka dib ayaa seddax jeer la soo weeraray qarnigii koowaad gudihiisa, ayadoo laga soo galay albaabka weyn ee darbiga. Taas waxaa sabab u ahaa ilaaliyihii afaafka hore oo waxoogaa laaluush ah qaatay.

Haddaba, cashar ayaa laga bartay dhacdadaas: Haddii ilaaliyahaas wax laga bari lahaa dhinaca tarbiyada, way dheellitiri lahayd oo darbigii wax buu tari lahaa. Haddii si kale loo dhigo, derbigii waa la dhisay, balse lama dhisin akhlaaqda iyo qiyamka qofkii ilaalinayay, taasina waxay keentay in dhismihii derbigu uu waxtar noqon waayo.

4.4. KHUBARADII AF SOOMAALIGA

Ayadoo ay markii horeba yaraayeen dadkii bartay cilmiga af Soomaaliga, ayaa haddana la kala lumay markii dagaalladu dhaceen, oo qaaradaha adduunka la kala aaday. Asaxaabtaydii waxaa ka mid ahaa Barfasoor Ciise Maxamed Siyaad oo aan jaamacadda isku mar ka baxnay, markii dambana aan Talyaaniga isla tagnay; asaguna wax buu ka qoray af Soomaaliga. Haldoorkii ugu horreeyay wuxuu ahaa *John* Saciid oo ah nin Soomaali-Ingiriis ah, oo aan filayo inuu macallin ka yahay jaamacad ku taalla dalka *Ireland*. Waxaa kaloo aan ka xusi karaa khubaradii af Sooomaaliga Barfasoor Xaaji Raabbi oo ah macallin weyn oo cilmi-afeedyaqaan ah, buugaag badanna qoray. Waxaa kaloo jira aqoonyahan Mustafe Feyruus oo Jaamacadda Muqdisho macallin ka ah iyo, sidoo kale, dhallinyaro aan annagu mar hore ka soo saarnay Kulliyadda Afafka ee Jaamacaddii Ummadda Soomaaliyeed, sida: Aweys Waasuge, Cabdulqaadir Ruumi iyo kuwo kale, oo aan fahamsanahay inay sii wadaan howshii cilmibaarista.

Sidii uu hore u sheegay jilaagii Maraykan ee madoobaa, *Morgan Freeman*, waxa qofka indheergarad ka dhiga waa adeegsiga aqoonta uu ka helay jaamacadda ee ma aha shahaadada. Haddaba, Cilmiga markii ay barteen ka dib, dadka qaar faraha ayay ka qaadeen oo macallinnimadii ayay iska wateen, aniguse waxaan xoogga saaray cilmibaarista oo aan markii horeba jeclaa, taasaana ii fududaysay inaan ka miradhaliyo. Haddii uu nololmaalmeedka uun daba ordo, qofku ma noqonayo mid wax badan ka soo hooya cilmigiisa, si kasta oo uu u yahay qof xariif ah.

4.5.	QORAALLADII LAGA SAMEEYAY AF SOOMAALIGA

Bartamihii qarnigii 18aad ayay dad shisheeye ahi billaabeen inay cilmibaaris ku sameeyaan af Soomaaliga, taasoo ay ka sameeyeen qoraallo badan. Dadkaasi waxay isugu jireen Maraykan, Talyaani, Ingiriis, Ruush iyo ummadda kale. Cilmibaarayaashaasi waxay ogaadeen in af Soomaaligu ka duwanyahay afafka kale ee Geeska Afrika, sababtoo ah waxay arkeen in afkani leeyahay habnaxweed cajiib ah, dadkiisuna u badanyihiin reer baadiye aan wax akhrinayn, waxna qorayn, marka laga reebo qur'aanka oo qofkii bartay akhrinaayay.

Cilmibaarayaashii shisheeyaha ahaa oo kala dambeeyay, qolabana ay ka faa'iidaysanaysay qoraallada qoladii ka horreysay, waxay billaabeen inay si fiican u baaraan naxwaha af Soomaaliga, ayagoo waraysanaya Soomaalida. Maaddaama ay hayeen agabkii wax lagu baaraayay, waxaa u suurtagashay inay wax badan ka ogaadaan af Soomaaliga; waa sida marka aad samaynayso baaritaan dhiig, kaasoo aadan samayn karin shaybaar la'aan. Sidaas oo kale ayay cilmibaarayashaasi aqoon u lahaayeen sheybaarka afka.

Aqoonyahannadaas aadka u dadaalay waxaa ka mid ah: *Leo Reynish* oo *Austria* u dhashay, ahaana nin cilmi-afeedka ku takhsusay. Waxaa kaloo ka mid ahaa *Kirk, Bell Abraham*, iyo weliba *Andrzejewzki* oo ah cilmi-afeedyahan afartan sano si wanaagsan u baarayay af Soomaaliga. Marka la isku daro, dadalladoodu dhaxal mug weyn ayay inoo dhaafeen, kaasoo suurageliyay inaan helno wax jira oo aan sii ambaqaadno intii aan meel eber ah ka billaabi lahayn.

Qoraalladaas qori-isudhiibka ahaa ee midba midka kale sii saxaayay ee ay sameeyeen cilmibaarayaashaasi waxay noo suurtageliyeen, aniga iyo islaan macallimaddayda ahayd oo aan ka wada shaqeynaynay Jaamacadda Ummadda Soomaaliyeed iyo Jaamacadda Roma Tre, inaan ku fekerno inaan diyaarinno naxwe af Soomaali ku qoran. Dad badan ayaa horteen sameeyay buugaag naxwe ah oo af Soomaali ku qoran. Qaarkood way adkeeyeen, qaarkoodna si aan qumanayn ayay u qoreen. Taas macnaheedu ma aha inaan annagu is ammaanayno, oo keenna laftirkiisa ayaa khaladaad ku jiri karaa, waana la sixi doonaa gadaasheenna. Buuggaas naxwaha ah ee aan samaynay waa mid kooban oo tixraac u noqon kara macallinka dhiga af Soomaaliga. Buugga waxaan qornay sannadkii 1999, daabacaaddii labaadna waxaan soo saarnay 2017.

4.6. SAAMAYNTII BURBURKA EE AF SOOMAALIGA

Af Soomaaliga markii la qoray, lana adeegsaday - haddii ay tahay xafiis, waxbarasho, wargeys, madbacad, iwm - islamarkaana la billaabay horumarintiisa, gaar ahaan, ereybixinta iyo naxwaha, ayaa dagaalka sokeeye ka billowday dalka. Sidaas awgeed, howlihii socday oo dhami hal mar ayay istaageen. Sidaas ayuu af Soomaaligu uga mid noqday waxyaabihii lagu waayay burburka, maxaayeelay wixii markaas ka dambeeyay, waxaa billaabatay inuu hoos u dhaco adeegsiga af Soomaaliga, qoraal ahaan iyo hadal ahaanba.

Markii la qoray af Soomaaliga, labadaan shay ee soo socota ayaa xoogga la saaray:

b. Midaynta Habqoraalka

Waxaa lagu dadaalay midaynta iyo adeegsiga habqoraalka af Soomaaliga. Inkastoo horumar laga gaaray arrintaas, haddana ma ahayn mid la dhammaystiray, oo horumarin ayaa ku socotay intii aan burburku dhicin. Intaa waxaa dheer, waxyaabihii la mideeyay laftooda lama faafinnin, qoraallana lagama samayn. Aqoonyahannada cilmi-afeedka ee baaray habqoraalka af Soomaaliga iyo xeerarka la xiriira waxaa ka mid ah: Barfasoor Ciise Maxamed Siyaad, Barfasoor Cabdirashiid Maxamed Ismaaciil, iyo weliba qaar kale oo dadaalay, sida Barfasoor Maxamed Cilmi Tooxow iyo rag kale. Balse, dadaalladaasi weli ma helin nidaam xiriiriya oo isu duwa waxqabadkooda.

Ujeeddada xoogga loo saarayay midaynta habqoraalka waxay ahayd in laga hortago in qolo waliba lahjaddeeda wax ku qorto, maxaayeelay mid ka mid ah lahjadaha badan ee af Soomaaliga uunbaa noqonaysa afka guud ee la wada adeegsado, waxna lagu qoro.

Haseyeeshe, burburkii ka dib, waxaa billaabatay in qolo waliba ay lahjaddeeda u janjeersato oo sida ay doonto wax u qorto. Sidaas darteed, afkii wuu agoontoobay, taasina waxay dariishadda u furtay in afaf shisheeye weerar ku soo qaadaan, ayadoo qof kasta uu sida uu doono ugu barxayo af Carabi ama af Ingiriisi, hadba afka uu wax ku bartay. Taasi waxay fududaysay in cid kasta oo weli wax ku qorta af Soomaali ay u adeegsato sida ay la tahay, ayadoo la kala garan waayay cidda saxan iyo cidda qaldan. Waxaa la arkay dad laballaabaya xarafka "y". Seddax arrimood ayaa loo aanayn karaa arrintaas:

1) Hay'addii ka shaqayn jirtay midaynta af Soomaaliga iyo habqoraalkiisa oo meesha ka baxday;

2) Aqoondarrida dhallinyaradii dhalatay burburka ka dib, kuwaasoo iskood isu baray qorista af Soomaaliga, ayadoo aysan jirin cid ka caawisay ama ka saxday; taasna waxaa ka dhashay khaladaad badan oo ka muuqda af Soomaaliga loo adeegsado baraha bulshada. Kuwaasi lama haarami karo, maxaayeelay ma ay helin kansho ay af Soomaaliga ku bartaan.

3) Dadkii wax qori jiray burburka ka hor oo u qaybsamay qaar ay qaadday caadifaad la xiriirta afguri, taasoo ku qaadday inay u xagliyaan lahjaddooda; iyo qolo la timid qaab cusub oo ereyada qaarkood u googooynaya si aan hore loo arag, taasoo aan waafaqasanayn xeerarka cilmi-afeedka. Haddii aad wax cusub soo jeedinayso waxaa habboon in aad u cuskato xeer jira oo uu afku leeyahay.

Dhibaatooyinka ka dhashay midnimo la'aanta habqoraalka way badanyihiin, waxaanse tusaale u soo qaadan karnaa habqoraalka ereyada loo yaqaanno "lammaanaha", oo siyaabo kala duwan loo qoro. "Lammaanuhu" waa erey ka kooban laba ama in ka badan oo ah ereyo isu tegay, sida: gaarigacan oo ka koobma "gaari" iyo "gacan". Haddaba, dadku waxay ereyadaas u qoraan qaabab kala duwan. Qaarkood way kala gooyaan: "gaari gacan"; qaarkood waxay u qoraan sida hal erey, ayagoo adeegsanaya xarriijin: "gaari-gacan", halka qaar kale ay ka dhigaan hal erey oo aan waxba loo dhaxaysiin: "gaarigacan". Haseyeeshee, waxaa loo baahanyahay in ereyada lammaanan loo qoro hal qaab oo la isku raacsanyahay, islamarkaana waafaqsan xeerarka af Soomaaliga.

Marka laga gudbo ereyada lammaanaha, waxyaabaha la xiriira qoraalka ee midaynta u baahan waxaa ka mid ah shaqallada: O, E, A, oo uu jahwareer ka taaganyahay. Tusaale ahaan, ereyga "waaya-arag" waxaa, sidoo kale, loo qoraa waayo-arag; xarafka uu ku dhammaanayo ereyga hore ayaa dadka qaar ka dhigaan "O", halka ay qaar kale ka dhigaan "A". Sidoo kale, sida loo qoro magacyada ayaa u baahan midayn. Tusaale ahaan, magaca "Axmed" oo sida tan loo qori jiray ayay dadka qaar u qorayaan "Axmad", oo ah qaabka asalka ah oo Carabiga ka soo jeeda, balse aan Soomaalidu sidaa ugu dhawaaqayn. Sidoo kale, "Xusseen" oo "S" shidan ah ayay dadka qaar qoraan, taasoo asalkii ah; balse xarafka "S" kama mid aha xarfaha laballaabma marka laga hadlayo af Soomaaliga. Waxaa kaloo la arkay, oo lagu soo daray xarfo aan alifba'da (a, b) af Soomaaliga hore uga mid ahayn, sida "P".

Dhinaca kale, waxaa jira baahi la xiriirta midaynta habqoraalka magacyada shisheeye ee *latin*-ka ah; waxaana doodi ka taagantahay: ma sidooda ayaa loo qoraa, mise waa la af Soomaaliyeeyaa? Tusaale, *Venezuela* mise Fenesweelaa, iwm; haddaba, waxyaabahaas oo dhan ayaa u baahan in la baaro, laga doodo, la iskuna raaco.

t. Ereybixinta

Intii aan af Soomaaliga la qorin, wadaaddada diinta ayay ahayd ciddii samaysay iskudaygii ereybixineed ee ugu horreeyay. Baahida jirtay waxay ahayd in la helo ereyo af Soomaali ah oo loo adeegsan karo gudbinta cilmiga diineed. Waxaa dadaal kaas la mid ah sameeyay Ciidankii Xoogga Dalka Soomaaliyeed, oo af Soomaaliyeeyay aqoontii iyo qalabkii militariga ee laga soo waariday shisheeyaha. Waxaa iyana ereybixinta kaalin weyn ka qaatay weriyayaasha seddexdii idaacadood ee ugu horreeyay: Raadiyo Hargeysa, Raadiyo Muqdisho iyo Raadiyo BBC.

Qoristiisii ka dib, af Soomaaliga waxaa loo sameeyay ereybixinno, si loo casriyeeyo, ayadoo lagu guulaystay in la soo saaro buug ererbixin ah, kaasoo lagu kaydiyay ereybixinno tiradoodu cagacagaynayso ilaa 2000. Laba shay ayaa, haddaba, fududeeyay howsha laga qabtay ereybixinta. Tan koowaad, waxaa la helay dad si wanaagsan u yaqaanna af Soomaaliga miyiga, kuwaasoo miyi ku dhashay ama aabbayaashood ku dhasheen, islamarkaana yaqaannay afka laga turjumaayo (af ingiriis ama af Talyaani). Tan labaad, samaynta ereybixinta waxaa ku lug lahaa dad bartay cilmiga sayniska, islamarkaana aqoon u lahaa dhaqanka miyiga iyo midka magaalada labadaba. Markii la samaynayay ereybixinta, dowladdu waxay adeegsatay khubaradii qaybaha kala duwan ee cilmiga, oo ay kaabayeen Guddigii af Soomaaligu. Guud ahaan, ereyada af Soomaaliga ee uu garan karo qof ku dhashay magaalada waa kuwo kooban. Tusaale ahaan, marka la leeyahay: *velocity* (xawaaraha), way adagtahay in qof magaalada ku dhashay uu keeno ereyga "xawaare".

Marka ay noqoto in la sii wado ereybixinta, waxaa loo baahan doona in la soo ururiyo dadka nuucaas ah ee kulmiyay: aqoonta maaddada, dhaqanka miyiga, suugaanta, iyo afka qalaad; amaba in la helo laba qof oo midkood leeyahay aqoonta afka iyo maaddada, kan kalena leeyahay aqoonta la xiriirta nolosha baadiyaha. Waxaa kaloo ereybixin u baahan tiknooloojiyada casriga ah, taasoo aan jirin markii la samaynayay ereybixintii hore, sidaas darteedna aan weli wax weyn laga qaban. Buugga ereybixinta waxaa laga heli karaa maktabada *online*-ka ee lagu magacaabo "Kaydka Daraasaadka Soomaaliyeed", halkaas oo laga sii aadayo *malaf*-ka loo bixiyay "diiwaanka ereybixinta"; amaba waxaa lagu raadin karaa *Google*-ka.

Sidii aan hore u soo sheegnay, dadaallada la xiriira horumarinta af Soomaaliga waa kuwo horeba u socday, balse hakad galay. Nasiibwanaag, wax yar oo baraarug ah ayaa soo muuqday tobankii sano ee u danbeeyay, taasina waxay ku timid in la dareemay in afku yahay wax aan laga maarmayn, sidii ay xikmaddu u tiriba: "lamahuraan waa cowska jiilaal". Gaar ahaan, dadka Soomaaliyeed ee qaaradaha adduunka ku kala firirsan, kuna kala nool dalal looga hadlo afaf kala duwan ayaa u baahday af ay adeegsadaan, waxayna ku khasbanaadeen inay afkoodii hooyo ku wada xiriiraan marka ay wax isu qorayaan, maaddaama aysan isla fahmayn afafka kale ee qalaad. Waxaa kaloo baahida wadaxiriirka qoraaleed sii xoojiyay soo-ifbixii baraha bulshada iyo *internet*-ka, kuwaasoo kacaamiyay xogisdhaafsiga bulshada dhexdeeda. Halkaas waxaa ka cad inuu afku yahay wax weyn oo faa'iido u leh xiriirka iyo midnimada ummadda.

Tusaale ahaan, haddii laba qof oo Soomaali ah uu midkood ku hadlayo af Ingiriisi, kan kalena ku hadlayo af Carabi, waxaa labadoodaba lagu tilmaami karaa inaysan Soomaali ahayn, maxaayeelay afka ayaa ah waxa lagu aqoonsanayo haybta ummaddan. Sidaas darteed, haba tabardarnaatee, dowladda waxaa la gudboon inay ahmiyad siiso, danayso oo daryeesho af Soomaaliga.

4.7. TALLAABOOYINKA LAGU HORUMARIN KARO AF SOOMAALIGA

Sida runta ah, maanta af Soomaaligu hiil ayuu u baahanyahay, qof kastana qayb ayuu ka qaadan karaa haddii uu dadaalo. Haddaba, sidee ayaa loogu hiillin karaa afka hooyo? Waxyaabaha uu samayn karo qofku waxaa ka mid ah in waraaqaha uu qorayo uu af Soomaali ku qoro; islamarkaas, waxaa loo baahanyahay inuu saxo ama uu raadiyo meeshii laga sixi lahaa, asagoo raacaya lahjaddii midowday ee wax lagu qori jiray, iskana ilaalinaya inay qaaddo caaddifad lahjadeed. Wixii ka khaldama asagoo sidaa u dadaalaya aayar-aayar ayuu uga gudbi doonaa, waana ay saxmi doonaan.

Sidoo kale, qofkii danaynaya inuu barto cilmi-afeedka iyo naxwaha af Soomaaliga, ama uu cid kale baro, wuxuu "Kaydka Soomaaliyeed" ka heli karaa qoraallo aad u badan. Kaydka Soomaaliyeed, oo aan samaynay sannadihii ugu dambeeyay muddadii soddonka sano ahayd ee aan wadnay cilmibaarista af Soomaaliga, waxaa laga heli karaa *internet*-ka, waxaadna ku geli karta: **Kaydka Soomaaliyeed** *"Archivio Somalia"*. Markaad gujiso waxaad helaysaa waxyaabihii laga qoray af Soomaaliga, laga billaabo sannadkii 1840 ilaa maanta.

Sida aan mar kasta sheego, waxaa jira dad badan oo jecel inay af Soomaaliga wax ka qoraan. Haddaba, haddii aad ka midtahay dadkaas, alif ha ku billaabin ee meeshii la geeyay ka sii wad, ama sax wixii qalad ah ee aad aragto, waxna ku sii kordhi, waase haddii aad aqoon u leedahay. Dadka qaar ayaa yiraahda "wax gaal qoray ma rabo"; waxaa kaloo jira qaar sameeyay buugnaxweed aan tixraac lahayn, sidii buug sheeko ah oo kale. Sideedaba, buug cilmi ah lama aamino haddii uusan raadraac lahayn, xataa haddii uu wanaagsanyahay. Taasi waa qaabka loo hubiyo sugnaanta cilmiga adduunka oo idil.

Haddaba, qofkii raba inuu wax ka ogaado ama wax ka qoro naxwaha af Soomaaliga wuxuu ka raadin karaa *internet*-ka (Kaydka Soomaaliyeed). Sidoo kale, waxaa halkaas laga helayaa Qaamuuska af Soomaaliga ee aan diyaarinnay sannadkii 2012. Waa qaamuus weyn oo marjac noqon kara, kaasoo muddo ka badan afartan sano aan wadnay ururinta ereyadiisa iyo habayntiisa; waa la sixi karaa, waana la kordhin karaa. Sida caadiga ah, afafka oo dhan, markii erey la garan waayo oo laysku qabsado qaamuuska ayaa marjac u ah oo loo noqdaa. Qaamuuskani, haddaba, kaalin ayuu ka qaadan karaa mideynta af Soomaaliga.

Waxyaabaha kale oo aad ka heli karto *internet*-ka waxaa ka mid ah Taariikhda af Soomaaliga - haddii aad ku qorto *Google*-ka: "Afafka Kushitigga iyo Taariikhda af Soomaaliga" oo magacayga (Cabdalla Mansuur) ku qoran. Buugga "Taariikhda afka iyo Bulshada Soomaaliyeed" oo ah buuggii ugu dambeeyay ee aan qoray, intiisa hore oo dhan waxaan kaga hadlay taariikhda afka, sida uu yahay, inta uu xiriir la leeyahay, iwm; qaybtiisa kalena waxay ku saabsantahay taariikhda Soomaaliyeed, anigoo ka eegaya dhinaca cilmi-afeedka.

Degelka "Kaydka Soomaaliyeed" waxaa laga heli karaa qoraallada dad badan oo taariikhda Soomaaliya wax ka qoray, ayna ka mid yihiin: *I.M, Lewis, Enrico Cerulli* iyo kuwa kale. Waxaa kaloo halkaa laga heli karaa qoraallo ku saabsan suugaanta, sida qoraallada Idaajaa, iyo waxyaabo badan oo kale.

Qof kasta oo Soomaali ah, meel kasta oo uu joogo iyo howl kasta oo uu hayo, afkan waa u hiillin karaa. Waalidku ilmihiisa ayuu sixi karaa haddii ay si khalad ah ugu hadlayaan naxwaha. Midda kale, carruurta waa in loo akhriyaa buugaagta af Soomaaliga ku qoran. Dad ayaa dhaha "naga daa wixii af Soomaali ku qoran". Taasi waxay la mid tahay adigoo dhaha: galleyda Soomaaliya ma rabo e, tii Maraykanka ii keena. Waa in aad fahamtaa in afkaaga hooyo yahay mid qiima badan, taasna waxaad garwaaqsanaysaa markii aad deristo. Haddii qof kasta oo Soomaaliyeed uu isku xilqaamo qaddarinta afka Soomaaliga, markaas afkan hiillo ayuu helayaa; wuuna midoobayaa, kobcayaa oo horumarayaa.

4.8. DIYAARINTA JIIL CUSUB OO XEELDHEERAYAAL AH

Xeeldheerayaashii Soomaaliyeed ee ku takhasusay af Soomaaligu waxay isugu jiraan qaar dhintay iyo qaar gabow ah. Sidaas darteed, waxaa muuqanaysa baahida loo qabo in cilmiga ay la wareegaan jiilka cusub, si ay hore ugu sii wadaan dadaalka lagu horumarinayo afka. Haddii aan taas la helin waxaa halis loogu jiraa in xataa dadaalladii ay sameeyeen xeeldheerayaashii hore ee kala dambeeyay ay cidla ku lumaan, dabadeedna ay noqoto in meel eber ah wax laga billaabo mustaqbalka. Haddaba, si taas looga badbaado waxaa lagama maarmaan ah in la soo saaro aqoonyahanno cusub oo sii wada horumarinta, kobcinta iyo cilmbaarista af Soomaaliga, ayadoo la adeegsanayo wixii ka nool xeeldheerayaashii hore. Arrintaasi waa mid habboon inay dowladdu ka gaysato gacan wayn.

CUTUBKA 5AAD

CUTUBKA 5AAD

AFKA IYO SUUGAANTA

Barfasoor Cabdalla Cumar Mansuur
Barfasoor Maxamed Cumar Dalxa
Barfasoor Maxamed Xaaji Mukhtaar
Dr. Ridwaan Xirsi Maxamed

5.1. HORDHAC

Tan iyo intii la billaabay qorista iyo horumarinta af Soomaaliga, waxaa soo baxayay, soona xoogaysanayay doodo ku saabsan af Soomaaliga iyo waxa uu yahay cilmi-afeed ahaan. Su'aalaha la is waydiiyo waxaa ka mid ah: af Soomaaligu ma hal af baa mise waa afaf kala duwan?

Cutubkani wuxuu ka jawaabayaa su'aashaas, ayadoo ay falanqaynayaan labada Barfasoor ee kala ah: Cabdalla Cumar Mansuur oo ah xeeldheere aqoon durugsan u leh cilmiga afafka, islamarkaana si qotodheer u baaray af Soomaaliga; iyo Barfasoor Maxamed Xaaji Mukhtaar oo ka mid ahaa guddi ka shaqeeyay qorista Farta Maayga. Barfasoor M. X. Mukhtaar wuxuu si faahfaasan uga hadlayaa dadaal uu asaga laftiisu qayb ka ahaa, kaasoo lagu allifay far Maay.

Su'aalaha kale ee la is waydiiyo waxaa ka mid ah: xiriirka uu af Soomaaliga la leeyahay afafka kale, gaar ahaan af Carabiga. Arrintaas ayuu, sidoo kale, cutubkani falanqaynayaa, ayadoo ay lafagurayaan Barfasoor Cabdalla Cumar Mansuur iyo Dr. Ridwaan Xersi Maxamed.

Haseyeeshee, cutubku wuxuu ku billaabanayaa xiriirka ka dhexeeya afka iyo suugaanta, kaasoo uu si faahfaasan u qaadaadhigayo Barfasoor Maxamed Cumar Dalxa, oo ah suugaanyahan iyo aqoonyahan bare ka soo noqday Kulliyaddii Afafka ee JUS. Barfasoorku wuxuu ku nuuxnuuxsanayaa muhiimadda ay suugaanta iyo dhaqandhaqaalayaasha kala duwan ee bulshada Soomaaliyeed u leeyihiin xoojinta iyo horumarinta af Soomaaliga

5.2. TAARIIKHDA KULLIYADDII AFAFKA EE JAAMACADDA UMMADDA SOOMAALIYEED

Kulliyaddii Afafka ee Jaamacadda Ummadda Soomaaliyeed waxaa la aasaasay sannadkii 1979. Dadkii lagu unkay ee noqday dufcaddii ugu horreysay waxaa ka mid ahaa Maxamed Macallin, oo markii dambe Barfasoor ka noqday Kulliyadda. Raggii caanka ahaa ee kulliyaddaas ka qalinjebiyay waxaa ka mid ahaa, Allaha u naxariistee Xuseen Sheekh Axmed (Kadare). Run ahaantii, Kulliyaddaasi waxay soo saartay dad tayo leh.

Maaddaama uu dalku ahaa dal dhaqaalihiisu kobcayay, ardayda ay Kulliyaddu soo saarto waxay ahaayeen kuwa dhaqangeliya wixii ay soo barteen, oo durba la howlgeliyo. Markii la qalanjebiyo, Wasaaradda Hiddaha iyo Tacliinta Sare ayaa markiiba liiska qalinjebiyayaasha u gudbinaysay xafiiskii qaabilsanaa ee Shaqada iyo Shaqaalaha, kaasoo u sheegayay ruux kasta meesha lagu qoray.

Waxyaabaha aan la illaawi karin ee ay dowladdii kacaanka mudantahay in lagu qaddariyo waxaa ka mid ah koruqaadiddii tacliinta, gaar ahaan asaasiddii Jaamacadda Ummadda Soomaaliyeed (JUS), taasoo lahayd 12 kulliyadood oo soo saari jiray aqoonyahanno leh baroofeshanno kala duwan, oo isugu jira cilmi iyo *adab*. JUS waxaa ka soo baxay dad bartay culuumta: dhaqaalaha, waxbarashada iyo tarbiyada, daraasaadka Islaamka iyo qaybo kale. Ardaydii ay soo saartay Jaamacaddaasi waxay dhammaantood noqdeen dad waxtar ah, oo waa ayaga kuwa maanta waddanku ku taaganyahay oo maskaxdooda la maalayo, inkastoo ay qaar badani dhinteen.

Balse, nasiibdarrada dhacday waxay ahayd in markii ay dhaceen dagaalladii sokeeye la bililiqeystay dhammaan maktabadihii iyo xarumihii cilmibaarista, agabkii yiillayna la burburiyay. Shahaadooyinkii, tusaale ahaan, dukaannada ayaa inta la geeyay wax lagu duubtay. Dukumentiyada qaarkood inta la qaatay ayaa waddamada dibadda lagu heystaa. Taasi waxay naga dhigtay waddan maanta wax ka billaabaya meel eber ah.

Sidaas darteed, hadda waxay tahay in laga faa'iidaysto dadka JUS iyo kulliyadaheedii kala duwanaa ka soo baxay ee hadda nool. Middaas lafteeda ayaan fududayn, oo waxaa jirta in dhallinyaradu ay u arkayaan odayaasha kuwo fikradohoodu dhaceen oo aan loo baahnayn.

5.2.1. AFKA IYO MUHIIMADDIISA

Sidiisaba, af wuxuu ka abuurmaa ummad jirta, wuxuuna muhiim u yahay midnimada iyo jiritaanka ummaddaas - xag dhaqan, xag taariikheed iyo xag qarannimo. Afku wuxuu qiima yeeshaa marka uu qoranyahay; markaas ayuu xafidaa wax kasta oo qiima leh oo ay leedahay ummaddu, sida: aqoonta, dhaqanka iyo taariikhda. Dalalka Afrika qaarkood ayuu isticmaarkii tirtiray afafkoodii, kuna beddelay afkiisa. Waddamada uu Fransiisku gumaystay waxay ku hadlaan af Faransiis; kuwii Ingriisku gumaystay af Ingiriis; kuwii Isbaanishkuna af Isbaanish. Sidaas ayay gumaystayaashii dadka ugala dirireen diintii, dhaqankii iyo afkii. Haddaba, ummaddii weyda afkeeda waxay noqotaa mid aan jirin.

Allaha Weyn wuxuu noogu gargaaray, haddii aan Soomaali nahay, dadkeenna oo markii horeba afkooda, suugaantooda iyo dhaqankooda si adag u haystay. Sidaas awgeed, waxaa ku adkaatay isticmaarkii inuu afkeenna baabi'iyo.

Markii la qoray, ayada oo weliba *Latin*-ka lagu qoray, ayay haddana dowlado badani isku dayeen inay Soomaaliya naqdiyaan, ayagoo ka dhigaya dad luqaddii Carbeed iyo xiriirkii diinta ka fogaaday, islamarkaana ku doodaya inaysan is qaban karin *Latin*-ka, diinta iyo af Carabiga.

Markaa ka dib, dadaalkii wuu sii socday, oo sharciyadii afka ayaa la sii horumarinayay, illeyn af waliba wuxuu leeyahay qaanuun e. Naxwaha, oo ka mid ah qaanuunnada muhiimka ah, wuxuu afka ka ilaaliyaa gefafka ama khaladaadka. Tusaale ahaan, Carabiga, oo ah afka Quraanka Kariimka ah, wuxuu ka midyahay afafka sida aadka ah ugu tiirsan naxwaha, maxaayeelay shaqal yar oo la qalloociyay ayaa keenaya inuu is beddelo macnihii ereygu. Sidaas darteed, af Soomaaliga waxaa loo sameeyay naxwe. Ereyada: "Falgudbe", "Falmagudbe", "Fal-abyane", iyo kuwo kale. ayaa ka mid ah naxwaha af Soomaaliga. Tusaale ahaan, haddii aan iraahdo "Maxamed kaalay" ama "ii kaalaya", cidda aan la hadlayo waa la kala garanayaa, hal qof ama ka badan waxa ay tahay, maxaayeelay seddax qof oo meel wada joogta "kaalay" ma dhihi karo, qof kaligiisa meel joogana "kaalaya" ma dhihi karo, walow uu Carabigu naga duwanyahay oo uu gabdho iyo wiilal, laba iyo seddax u kala saari karo. Balse, af Soomaaliga waa af dhammaystiran, sharci ahaan, dhaqan ahaan, iyo af ahaanba.

Afafku waxay leeyihiin wax la yiraahdo "Baho" ay ka kala tirsanyihiin. Bahda af Soomaaliga waxaa la yiraahdaa "Kushitig", inkastoo ay jiraan dad ku doodaya inuu af Carabiga xigo, oo ereyada Carabiga ah ee af Soomaaliga ku jira dartood, qaab diimeed ama qaab ganacsi ha noogu yimaadaane, ayay u haystaan in af Soomaaliga ku bah yahay af Carabiga; haseyeeshee, taas waxaa diidaya sharciga iyo qawaaniinta uu afku leeyahay.

Tusaaale ahaan, marka aad nin u yeeraysid, adigoo af Carabi adeegsanaya, waxaad leedahay: *Tacaal*, haddii ay laba yihiinna: *Tacaalaa*. Laakiin af Soomaaliga, markii aad u yeeraysid nin waxaad leedahay: kaalay, jamac (laba iyo wixii ka badan) haddii aad u yeeraysidna: kaalaya; halka Carabiga uu kala saaraayo jamaca, oo haddii ay laba yihiin uu leeyahay "Tacaalaa"; haddii ay haween yihiinna gooni u sii saaraayo, oo uu leeyahay "*Tacaalna*".

Afka Carabigu wuxuu ka tirsanyahay bahda la yiraahdo "*Semitic*-ga", wuxuuna la bah yahay afka Amxaariga iyo *Hebrew*-ga (afka Yahuudda). Af Soomaaliga waxay isku qoys yihiin Berberka, Oromada, Booranta, Randiinlaha, Bejaawiyiinta, iyo qaar ku nool Harada "*Lake Radolf*" ee Tanzania, iyo kuwo kale.

Haddii laga hadlo isdhexgalka luqadaha, Sawaaxiliga ayaa nooga dhow Caribaga, nooganna isticmaal badan, maxaayeelay ayaga tiradooda ayaa xataa Carabi ah. Annaga tiradeenna waa sooc, oo wax Carabi ahi kuma jiraan.

Waxaa xataa la isku qabtaa Soomaaliga laftiisa, oo dadka qaar ayaa ku doodaya in Maayga iyo Maxaatiriga ay yihiin laba luqadood oo kala duwan, mase aha ee waa hal luqad oo leh lahjado kala duwan.

5.2.2. SAAMAYNTII GUMAYSIGA EE AF SOOMAALIGA

Annaga Soomaali haddii aan nahay laba ayaan eednay (nalaku colaadiyay). Tan koowaad waa Muslinnimada, oo waddamo Kirishtaan ah ayaa nagu xeeran, kuwaasoo looga cabsaday Soomaalida, tira ahaan iyo dad ahaanba. Tan labaad, juqraafi ahaan, dhulka aan deggannahay waa dhul Istiraatiiji ah, kheyraadna leh. Labadaas arrimood markii la isku daray waxaa loo arkay inay Soomaalidu khatar ku tahay dalalka Kiristaanka ah ee deriska la ah. Sidaas darteed, waxay noqotay in midnimadooda iyo awooddooda laga hortago. Haddaba, ayadoo Afrika oo dhami ahayd bartilmaameedka gumaysiga, oo lagu qaybsaday Shirkii Baarliin 1884, ayaa Soomaaliya loo sii kala qaybiyay shan qaybood, si loo xaqiijiyo ujeeddadaas.

Marka la eego dadyowga adduunka, ma jiro ummad wadaagta dhaqan, diin iyo af, sida Soomaalida. Haseyeeshee, ayadoo bulshooyinka Soomaalidu ay leeyihiin dhaqandhaqaale kala duwan, ayaa inta badan xoogga la saarayay reer guuraaga, kuwaasoo qorshe iyo istiraatiijiyad gaar ah, isuguna jirtay mid dhow iyo mid dheer loo adeegsaday, si loola dagaallamo, loona wiiqo awooddooda. Sidoo kale, beeraleyda iyo kalluumaysatada waxaa loo adeegsaday istiraatiijiyad kale. Midda loo adeegsanayay reer guuraaga, oo loo arkay kuwa ugu mintidsan, uguna firfircoon dhanka dagaalka, guubaabada iyo aftahannimada, waxay ahayd in loo tuso guud ahaan xirfadaha: beerashada, ugaarsiga, birtunnimada, kabatolenimada, iwm inay yihiin liidnimo iyo wax laga faano. Taas waxaa looga gol lahaa in laga hor istaago wixii horumar lagu gaari lahaa oo dhan, haddii ay farsamo tahay iyo haddii ay tahay waxsoosaarba, ilaa la gaarsiiyay heer xirfadahaas la isku takooro. Dhinaca kale, beeraleyda iyo kalluumaysatada, oo adeegsanayay muruqooda iyo maankooda, waxaa lagu sameeyay cadaadis iyo ciriiri dhaqaale, si aysan isku filnaansho u gaarin.

Nasiibwanaag, gumaystayaashii kuma guulaysan inay saamayntii ay doonayeen ku yeeshaan Soomaalida; sababtuna waxay ahayd dadka Soomaalida oo dhaqankooda ku dhegganaa.

Waxaa la sheegay, hadda ka hor, in nin gaal ah oo ay la socdeen dad Soomaali ah, uu u yimid oday Soomaali ah. Markaas ayuu odaygii salaamay intii Soomaalida ahayd, gaalkiina gacanta ka laabtay. Gaalkii ayaa waydiiyay sababta uu odaygu u diiday inuu salaamo, ayadoo laga tarjumayay. Markaas ayuu odaygii ku jawaabay "waa nijaas gaalku, mana salaamayo". Taasi waxay muujinaysaa halka ay odayaashii hore ka taagnaayeen ajnebiga iyo, gaar ahaan, gaalada maanta la daba ordaayo!!

Intii aan af Soomaaliga la qorin, manaahijteenna waxbarashada ee dhinaca Koofurta waxay ku salaysnayd afka Talyaaniga, halka dhinaca Woqooyiga ay ku salaysnayd afka Ingiriiska. Waxaa soo raacay af Carabiga oo labada dhinacba laga adeegsan jiray, Woqooyigaba ha u badnaado e. Carabigu Koonfurta kuma badnayn, oo dugsiyadii Jamaal Cabdinaasir, Sheekh Suufi iyo meelo kooban oo *Azhar*-tii Masaarida naga caawinaysay ayaa laga adeegsan jiray, balse luqaddii ay waxbarashada xooggeedu ku baxaysay waxay ahayd af Talyaaniga. Horraantii todobaatameeyada ayaa la billaabay in af Ingiriiska lagu dhigo dugsiyada dhexe, laguna daro manhajka waxbarashada dalka.

Afafka shisheeyuhu waxay kaalin iyo saamayn xoog leh ku lahaayeen nolosha bulshada iyo maamulka dowladda. Tusaale ahaan, shirkadaha loo shaqaynayay, oo shisheeye ahaa, waxay Soomaalida shaqadoonka ah ku xiri jireen shardiga ah inuu yaqaan luqadda hadba qolada ay ka soo jeeddo shirkaddaasi. Tan kale, xiriirka iyo isdhexgalka bulshada ayaa, sidoo kale, yeelan kara isa saamayn afeed iyo mid dhaqan. Tusaale ahaan, dalalkii soo gumaystay degaannada Soomaalida, mid kasta wuxuu afkiisa uga dhigay qaybtii uu haystay afka rasmiga ah ee loo adeegsado waxbarashada, warbaahinta, xafiisyada, qoraallada muhiimka ah, iwm. Taasi waxay ka muuqataa bulshooyinka ku kala nool shantii gobol ee Soomaalida loo qaybiyay, ha noqoto Talyaaniga oo soo gumaystay Koofurta, Ingiriiska oo soo gumaystay Woqooyiga, Faransiiska oo soo gumaystay Jabuuti, Soomaali

Galbeed oo ay haysato Itoobiya, ama Woqooyi Bari oo ay haysto Kenya. Sidaas oo kale ayaa dal kasta oo gumaysi soo maray uu u dhaxlay afkii gumaystaha.

Af Talyaaniga waxaa looga hadli jiray dalalka Soomaaliya, Liibiya iyo *Eritrea*. Jaamacaddeenna (Jaamacadii Ummadda) afka Talyaaniga ayaa lagu adeegsanayay, ayadoo ku dhowaad toban kulliyadood maaddooyinkoodu ay ku baxayeen af Talyaani, gaar ahaan kuwa cilmiga ah (caafimaadka, beeraha, warshadaha, iwm) iyo sharciga; kulliyadahaas waxaa maalgelinaysay dowladda Talyaaniga. Dhinaca kale, Daraasaadka Islaamka iyo Saxaafadda, oo ay dalal Carbeed maalgelinayeen, waxay ku baxayeen af Carabi.

5.2.3. XIRIIRKA KA DHEXEEYA AFKA IYO SUUGAANTA

Afka iyo Suugaanta waa laba walxood oo ay leedahay ummad kasta oo hidde iyo dhaqan leh, waxayna labaduba ka tarjumaan jiritaanka ummadeed. Suugaantu wax gaar u taagan ma aha ee afka ayay ka abuurantaa, labadooduna hal weel ayay ku wada jiraan, kaasoo ah dhaqanka. Tusaale ahaan, marka qof la caayayo ama la ammaanayo waxa laga duulayo waa habdhaqanka qofkaaasi leeyahay. Sidoo kale, haddii aad gabay ku faanaysid, faankaasi wuxuu ka imaanayaa waxa dhaqankaagu yahay, bii'ada aad ku nooshahay iyo waxa aad adigu tahay jiritaan ahaan - haddii aad xooladhaqato tahay, xoolahaagu qiime ayay kula leeyihiin, suugaantana dareenkaaga ku saabsan qiimahaas ayaad ku cabbiraysaa.

Sidii aan hore u soo sheegnay, afku wuxuu leeyahay nidaam, oo tusaale ahaan, ma dhihi karo: "Caasha wuxuu yiri biyo ii keen", oo taasi inay khalad tahay dadka afka yaqaanna ayaa kuu sheegaya. Waa inaad kala ilaalisaa dheddig iyo lab halka ay kala galaan marka aad hadlaysid; sidoo kale, waa inaad kala saarto kali iyo wadar. Tusaale ahaan, af Soomaaliga "lo'" maxaa wadar u ah? Jawaabta waxay tahay: ayada ayaaba (wadar) ah;" "faras" waa "fardo", balse jamaca "lo" waa "lo'ooshin" ama "geel" waa "geelooshin", iwm ma dhihi kartid; waa inaad raacdaa xeerka jamcinta ee uu afku leeyahay.

Suugaantu, sida afka oo kale, waxay leedahay nidaam iyo xeer, iyo qaanuun ku salaysan xaraf la raacaayo; hal xaraf kaliya ayay ka wada billaabataa tixdu. Balse, hadda waxaad arkaysaa ruux xarfo aan islahayn ku daldalmaya oo sheeganaya inuu heesaayo ama gabyaayo. Qofka baranaya cilmiga suugaanta waa inuu ilaaliyaa waxa loo yaqaanno "qaafiyadda".

Suugaanyahanku wuxuu ka gabyaa wax uu yaqaanno, wuxuuna ka ambaqaadaa bii'ada uu ku noolyahay. Tusaale ahaan, ruuxa xooladhaqatada ama reer guuraaga ah wuxuu yaqaannaa habka iyo bii'ada uu ku noolyahay, oo waa asaga gabayadiisa hordhac uga dhigo arar, arartaasina waxay la mid tahay mid ay samayn jireen gabyaagii Carbeed. Hore kama geli jirin gabayga, ee gabyaagu mar wuu soo gooddinayaa, marna wuu afeefanayaa, tusaale: hoyaalayeey hoyaalayeey, gabayow wa lagu wanaajaaye, amba waaya-araggiisaan ahaye waana iga qaata, iwm. Balse, afmaalka beeraleyga ah, waxaasi shaqadiisa ma aha, oo toos ayuu u gelayaa tixdiisa. Haseyeeshee, sida kan xooladhaqatada ah, gabyaaga beeraleyda ahi wuxuu ku faanaa waxa ay bii'adiisu ku wanaagsantahay. Waxaan ka duwanayn ninka xeebta jooga, oo asagu yaqaanna badda - mawjadaheeda, hirarkeeda, halista ay leedahay, iyo sida wax looga soo saarto - asaguna taas ayuu ku saleeyaa maahmaahyadiisa, suugaantiisa iyo halkudhegyadiisaba. Tusaale: "Hungurixumo mallaay baa shabaq ugu dhacay".

Si aan, haddaba, wax uga fahamno suugaanta beeraleyda, bal aan soo qaadanno laba laashin oo beeraley ahaa. Mid waxaa la dhihi jiray "Laashin Nuunne (Faruuri)"; kan kalena wuxuu ahaa "Laashin Maxamed Yuusuf (Laashin Garaad)", labadoodaba waxay ka soo jeedaan Degmada Afgooye, gaar ahaan degaanka Mareerrey. Waxay ahaayeen rag qaraaba ah (wiil iyo abtigiis), balse kaftan iyo xafiiltan uu ka dhaxayn jiray. Laashin Garaad ayaa arkay Laashin Nuunne oo wato xarig degaankooda looga yaqaanno "Guyaaf"[71] goor ay galab tahay. Markaas ayuu waydiiyay su'aashan: Arroo, intee rabtaa oo Guyaafka u wadataa?

Laashin Nuunne ayaa ku jawaabay: Garaac[72] aan u socdaa (sida caadiga ahna, Garaaca waxaa dooni jiray haweenka iyo gabdhaha), markaas ayuu

---
71. Xarigga lagu xiro cawska lo'da la siiyo, si garabka loo soo saarto
72. Cowska lo'da loo soo guro

Laashin Garaad waydiiyay mar kale: Sidee ayay kaa noqotay Laashinow, ma adiga ayaa garaac u foofaayo? Markaas ayuu Laashin Nuunne mariyay tixdan soo socota:

Giireey Ninkii le aa garaac u foofaayo, Adna Garoor dhanaan ku gado Galleyda kuu duugan

(Micnaheeda waa: lo ma qabtid oo meel aad caana ka maashid ma haysatide, garoortaada iskaga gadgado galleydaada).

Laashin Garaad:

Geesi Guyaaf watoo Garaac u foofaayo, kaasi Giireey ma lahaan jirin Gadaalkagaar waaye.

Mudda yar ka dib, Laashin Garaad wuxuu socdaal ugu baxay Baydhaba, wuxuuna soo iibsaday sac qawaar ah, ayadoo xilli abaar ah lagu jiray; markaas ayuu yiri:

Baydhabaan jiray Balooko[73] aan keenay, Beertaan u soo baxay Bal aan u keenaa.

Laashin Nuunne ayaa kula kaftamay Laashin Garaad:

Baydhaba maa tagtay Balooko maa keentay, Baanbaani, Barshinka Billaawe ha kuu fuulo.

(Wuxuu ula jeeday: neef tacbaan ah adaa keensadee, toorraydii lagu qali lahaa barkinta agteeda dhigo, si aadan u raadin hadhow).

Shiribka wuxuu muujinayaa sida ay dadka gabyaaga ahi uga tarjumaan bii'adooda marka ay gabyayaan ama ay shirbayaan, iwm. Haddii kan xooladhaqatada ah la waydiiyo ereyga "Guyaaf" waxay u badantahay inuusan garan; balse asaguna ereyo dhaqandhaqaalihiisa la xiriira ayuu adeegsadaa, kuwaasoo murtida ku jirta uusan kan beeraleyda ahi fahmi karin.

Dhibaatada maanta haysata af Soomaaliga waxaa ka mid ah isdhexgal la'aanta lahjadaha, iyo cilmibaaristii oo gaabis ah, gaar ahaan marka la eego lahjadaha kale oo dhan ee aan ahayn Maxaatiriga. Maaddaama ay ahayd lahjaddii ay dowladdu adeegsanaysay, Maxaatarigu waxay ka faa'iidaysatay udhowaanshaha aaladihii warfaafinta (riwaayadihii, idaacadihii iyo

---

73. Neef caato daran ah

saxaafaddii kale, iwm). Tusaale ahaan, ardayda dhigata dugsiyada hoose waxaa la bari jiray gabayadii Salaan Carrabey iyo Timacadde; balse lama aqoon Nuunne iyo Faruureey.

Qisadaan soo socota oo uu ka sheekaynayo Barfasoor Dhalxa waxay muujinaysaa kala duwanaanshaha suugaanta xoolaleyda iyo midda beeraleyda Soomaaliyeed:

Waagii aan dhiganaynay Kulliyaddii Afafka ee Jaamacadda Ummadda ayaa waxaa dhacday sheekadan soo socota; wuxuu ahaa cashar ku saabsan waxnaqadinta. Macallinkeennii, Axmed Nuur Yuusuf AUN, ayaa noo qoray laba beyd oo gabay ah (mid uu xoolaleyda ka soo qaatay iyo mid uu beeraleyda ka soo qaatay), si aan uga doodno. Labada beyd waxay kala ahaayeen sidan:
Nin reer miyi ah ayaa gabar jeclaaday, markaas ayuu ammaan kala dul dhacay, oo yiri:

    Lagu mood Maliixidii dhashiyo Sidigti Maandeeqe

Nin Beeraley ah ayaa isagana soo booday oo yiri:

    Bocor aa tahay, waa batiikhoowdi, Biyo qaadkana waa Bislaadi
    Bax minaad i tiraahdana, waa iska Baxaa Boqolaa ii Bannaan

Dooddii markii aan guda galnay, nimankii xoolaleydu waxay dheheen "war waxaasi af Soomaali ma aha; waa maxay ninka gabadha 'bocor' ku sheegayo!" Macallinkii wuxuu yiri "tartiiba, si cilmi ah ha la isugu sheego."

Xoolaleydii tooda waxay u sharxeen sidan: ninka geela dhaqda, hashiisa "Maandeeq"[74] ayuu wax kasta ka jecelyahay, gabadha taa lagu sheego ama lagu metelana waxaa la huwiyay ammaanta ugu sarraysa, uguna qaalisan, maxaayeelay wixii agtiisa ugu qiimaha badnaa ayuu ku sifeeyay.

Beeraleyda waxay yiraahdeen: "Annagaba waa sidaasi oo kale, oo ninka beeraleyda ah waxa uu abuurto Bocorhindiga ayaa ugu

---

74. Ereyga "Maandeeq" waa magac loo bixiyo hasha ugu caanaha badan ama ugu fiican geela, balse guud ahaan waa sarbeeb la adeegsado marka la tilmaamayo wax qiima leh.

fiican, oo uu ku baahi baxaa, seddax bilood ama afar bilood ayuu u kaydsamaa, baahina ma arko jiilaal kasta oo dhaca."

Markaas ayuu macallinkii yiri: Hagaag, intaas waad ka wada simantihiin, oo dhinacba waxa ugu qaalisan ayuu gabadha ku sifeeyay. Laakiin ku soo dara sharraxaado dheeraad ah.

Xoolaleydii xoogaa way is fiirfiiriyeen, oo waxay u muuqatay inay ku adkaatay. Annaga (beeraleyda) ayaa qaadannay mar labaad, waxaanna sharraxnay xiriir kale oo ka dhexeeya gabadha iyo bocorka, wuxuuna yahay: Haddii aad maanta xoogaa magaalada aadid, si aad u soo baashaashid, aadna soo aragtid gabar yar oo qurux badan oo sinta bidix ka laafyoonayso, cabbaar aad deymada la raacdo, markii aad xaafadda ku soo laabatid oo saaxiibbadaa aad sheekaysataan, oo aad tiraahdid wallahi maanta magaalada ayaan aadoo, mid bocor ah ayaan soo arkay, raggaasi waxay fahmayaan gabar qurux badan inaad ka hadlaysid.

Qoladeennii beeraleydu, mar seddaxaad ayaan sharraxaad ka bixinnay xiriirka ka dhexeeya gabadha iyo bocorka: Bocorka markuu bislaado dhexda ayuu ka gaduutaa, cunis ayuuna diyaar u yahay, illeyn wuu bislaaday e; gabadhana markii ay bislaato way gaduudataa, oo calaamad lagu garto inay guur diyaar u tahay ayay keentaa; labadaas ayaa ka dhexaysa; laakiin haddii lagu sifeeyo geel, oo ah wax isku kaadshaaya, oo xataa baabuurka aan ka leexanayn, gabadhaas waa la ammaanay ma la dhihi karaa!

Seddaxdaas sharraxaadood oo kala duwan ayaan keennay qoladeennii beeraleydu, halka saaxiibadeen (xoolaleydii) ay hal mid dhaafsiin waayeen.

Ujeeddada uu macallinka u sameynayay arrintaas, oo uu ardayda uga hadalsiinayay waxay ahayd in la soo bandhigo suugaanta bulshada Soomaaliyeed ee ku kala nool gobollada kala duwan ee dalka, si ay u bartaan suugaanta iyo xikmadaha kala duwan ee bulshaweynta Soomaaliyeed.

Sida uu qabo Barfasoor Maxamed Cumar Dhalxa, Guddigii af Soomaaliga iyo kii Manaahijtuba waxay u badnaayeen xooladhaqato. Saamaynta ay taasi yeelatay waxaa ka mid ahaa inuu kala dhantaalmay kobicii iyo horumarkii uu af Soomaaligu samayn lahaa. Tusaaale ahaan, Barfasoorku wuxuu ka sheekaynayaa dhacdo kale oo uu goobjoog uu ahaa markuu dhiganayay jaamacadda:

> Markii *syllables*-yada la tarjumaayay ayaa lagu soo daray erey la yiraahdo "Alan". Markii la waydiiyay macnaha ereygaas, macallinkii wuxuu ku jawaabay sidan: "waa xubin sida qasabku uu xubinxubin ugu kala qaybsanyahay oo kale ah." Markaas ayaan sheeegnay inuu jiro erey kaas ka habboon oo la yiraahdo **"kamuun"**, kaasoo ay beeraleyda oo dhami u adeegsadaan macnahaas.

Ereyada laga tegay waxaa ka mid ah, tusaale ahaan, ereyga "baj", kaasoo aan lagu darin Qaamuuskii la sameeyay.

Markii laga baaray ereyada ku dhammaada xarafka "j", Qaamuuska af Soomaaliga waxaa laga helay ereyga "xaj" oo kaliya. "Baj" waa shay jawaanka ka yar oo masagada lagu cabiri jiray. Tusaale ahaan, sida geelleeydu u faanto oo kale, dadka beeraleyda marka ay faanayaan waxay yiraahdaan:

> Boqol liire Baj Galleyaa ka roon, Masoo baxdoo Beer ma abuuratoo.
> Baj keensataa iyo Bikil duugataaba Bilis waxaa ah ninkii Beer abuurto.

Suugaanta beeraleyda waa mid baaxad weyn oo ka hadasha dhinacya badan. Bal aan beydad kooban ka soo qaadanno shiribyo laga sameeyay sadaqada iyo waxbixinta.

Xilligii gumaystuhu haystay dalka ayaa abaari ka dhacday degaannada koofurta. Sidaas darteed, maamulkii Ingriiskii ayaa u yeeray ganacsatadii degaanka, wuxuuna waydiistay inay keenaan wax lagu kaalmeeyo dadka ay abaartu saamaysay. Qaar ganacsatadii ka mid ah ayaa, ayagoo codsigaas ka jawaabayo, waxay keeneen dahab iyo lacag; balse Ingiriiskii ayaa u sheegay in loo baahanyahay raashin; wuxuu ku yiri "dahab iyo lacag annagaba waan haynaa ee wax la cuno ayaa loo baahanyahay."

Markii ay tashadeen, ganacsatadii waxay isla garteen in la doono Dhalxa Muuddey[75], oo ahaa nin lahaa beero waaweyn, caanna ka ahaa degaankaas. Markii loo sheegay arrintii, Dhalxa Muuddeey wuxuu ballanqaaday inuu bixinayo raashinkaas, bakaarihiisana uu u furi doono gurmadka lagu quudinayo dadka ay abaartu saamaysay, asagoo ku deeqay raashin badan oo muddo seddax biilood ah lagu quudinayay dadkii ay cunnayaridu haleeshay ee aaggaas ku noolaa.

Degaankaas haddii aad tagtid, dadka suugaanyahannada ahi waxay kuu marinayaan tixo ku saabsan ninkaas, ayna ka midyihiin kuwaan soo socda:

Dharka iyo Dhuuniga Ninkiis dhibaayo Dhalxa Muudey ha ugu soo dhawaado.
Shanta Caleemood markii shawaan shawaada loo waayey, nimaan sheegannin shoodba ma shiidaheynin.
Garawaa noo yimid iyo garseed Geledi lee noo dhiman oon gudsiinno Mareerey degow Mukiyaale faloow Maay iyo Maxaatiri Maas ku deeqe waaye.

Waxaasi oo dhan waxaa laga tirinaayay abaartaas, iyo deeqsinimada ninkaas, waana xikmado caan ah oo waagaas baxay. Sannadkaas, oo ahaa Sannad Isniinaad, waxaa degaankaas looga yaqaannaa **"Isniin Dhalxoow"**, waana la xusi jiray intii aysan joogsan caadooyinkii Dabshidka iyo Istunka.

5.2.4. SINNAAN LA'AANTII KA JIRTAY HORUMARINTA AF SOOMAALIGA

Si furan marka loo hadlo, caddaalad-darro badan ayaa ka dhex jirta bulshooyinka Soomaaliyeed. Caddaalad-darradaasi waa mid dhinacyo badan leh, oo aan ku koobnayn siyaasadda oo kaliya, ee xataa taabanaysa dhaqanka iyo taariikhda. Tusaale ahaan, dadkii aasaasay Xisbigii SYL ee xorriyadda u soo halgamay waxay u badnaayeen dadka ka soo jeeda Koonfurta, gaar ahaan dadka Banaadiriga iyo beeraleyda. Seddax iyo tobankii qof ee aasaasayaasha

---

75. Barfasoor M. Dhalxa awoowgiis

ahaa badankoodu dadkaas ayay ka soo jeedaan; ha ku dhasho Awdheegle ama Baraawe ama Benaadir amaba Jowhar e, waxay ahaayeen dad kulligood kaalin weyn ka ciyaaray dagaalkii gumaysiga lala galay, taasna suugaantooda ayaa ka markhaatikacaysa oo laga dheehan karaa. Nasiibdarro, si ku filan looma xusin taariikhda halgamayaashaas.

Si uu u sii iftiimiyo sinnaan la'aanta taariikheed ee ka jirta dhinacyadaas, Barfasoor Maxamed Cumar Dhalxa wuxuu ka sheekaynayaa qiso dhacday waagii uu ka shaqaynayay Jaamacadda Ummadda Soomaaliyeed:

Gabar ayaa, markii ay jaamacadda ka qalinjebinaysay, waxaa loo diray suugaantii *SYL* ee shacabka lagu kicin jiray, taasoo laga doonayay inay cilmibaaris ka soo samayso, maaddaama ay qoraysay buuggeedii qalinjebinta. Sida caadiga ah, ardayga marka uu difaacanayo buugga waxaa la waydiiyaa su'aalo adag. Sidaas darteed, anigoo ka mid ahaa guddigii su'aala waydiinta, waxaan gabadhii ka codsaday inay soo jeediso natiijadii cilmibaaristeeda.

Gabadhii waxay xustay dhowr tixood oo ay ka mid ahaayeen:

"*AXYAA WADDANI, AXYAA WADDANI*", "KAANA SIIB KANNA SAAR", iyo kuwo kale, oo dhammaantood ka mid ah suugaanta xooladhaqatada. Waxaan weydiiyay haddii ay dhinaca Koonfurta wax ka soo heshay.

Waxay tiri: Waan baxay, meel aanan teginna ma jirto, xataa tuulooyin ayaan tegay, mase soo helin dad reer koofur ah oo sameeyay suugaan la xiriirta SYL iyo halgankeedii gobannimaddoonka.

Markaas ayaan u sheegay beydadka soo socda, kuwaasoo ka mid ah suugaantii ay dadka beeraleydu ka tiriyeen halgankii SYL:

Gabar Gaal anoon guursannin oo Gaxwa ii caddeynin

Waa gaari doonaa Gagsasho ayay rabtaa

Gaalkaan minas Guuro Gacan Moos la waayo

Gabar SYL ayaa Gacan loo geliyaa

Galwiiney intii Gaalkacayo Guri Leego waaye

Soomaaliyeey Garruun waa Gameysiinee Gacan Dhiirranaada

Ninka Gaal ammaanaayo Gibilkiisa Madow

Gabartiisa Guur malleh wax Gaddoomi waayay

Ukun waaye Abaaburin iyo Af laheyn

SYL-ka Uurkiisa maa la ogaan karaa

Cali Nuur ninkii caayo iyo Cabdillaahi Ciise

Carabkaan ka gooyeynaa illeen Cadowgeenna waaye

Minay Masar Maanyadii xukunto Muqdishana Leego

Mooskii Itaaliya sidee lagu mootiyaa

----------------000--------------------

Adduunyo saan waaye iyo Ummadeey Rasuul

Orkaaga fidsooy waaye intii Itaaliya

----------------000--------------------

Magaceyga Makaay waaye Mininkeenana Moyka

Aniga Muusiga SYL aa meher la iiga yeelay

Garaartii moyga god hala iga faago

Gaalkii gudow diidaa lagu gowracaa.

Dhacda kale oo taas la xiriirta, waxaa jirtay, hadda ka hor, mar ay doodayeen Barfasoor Maxamed Cumar Dhalxa iyo Abshir Bacadle, ayagoo marti u ahaa Idaacaddii "Horn Afriik". AUN, Bacadle wuxuu yiri "beeraleyda waxay dabadhilif u ahaayeen gumaystaha". Dhalxa ayaa waydiiyay waxa uu taas ku caddaynayo, markaas ayuu soo qaatay beydkan oo ay gabar beeraley ahi tirisay:

Baddaan minay ka imaato Bandiira Soomaal, Bari ma loo tukan

anaa Billaabaayo.

Dhalxa ayaa, asagoo ka jawaabaya yiri: sida aad u cabbiraysid adiga waxay tahay dadkaasi inay qabeen inaan gobannimo la gaarayn, oo aan waligeed Soomaali xor noqonayn; laakiin jawaabtii laga bixiyay ayaa kaa maqan: gabar kale ayaa u jawaabtay, waxayna tiri:

Baddaan minay ka imaannin Bandiira Soomaal, Biir Islaam ma cabo anaa Billaabaayo.

5.2.5. KALA DUWANAANSHAHA MAAYGA IYO MAXAATIRIGA

Marka ugu horraysa, Maayga ma ahan af ka duwan kan Soomaaliga ee fusxada ah. Waa sida Carabiga u leeyahay lahjado kala duwan, balse la isugu yimaado luqadda Carabiga ee fusxada ah, taasoo ah luqadda Qur'aanka Kariimka. Kala duwanaanshaha ugu weyn ee Maayga iyo Maxaatiriga wuxuu ka imaanayaa xarfo is beddelay, waana kuwa ka yimid afka Carabiga ee loo yaqaanno *Xalaqiyah*. Sida uu qabo "*Morphology*"-ga oo ah Cilmiga Codadka, xarafba xarafka meesha uu ka soo baxo ay ka xaggayso ayuu ka asalsanyahay.

Haddaba, codaynta xarfaha "C" iyo "X", oo labaduba meel dhow ka soo baxa, ayaa ka mid ah kuwa lagu kala duwanayahay. Xarafka "C" Maayga wuxuu ugu dhawaaqaa "A", "X" -dana "H". Tusaale ahaan, magaca "Xasan" Maayga wuxuu leeyahay "Hasan", "Xarbi waa "Harbi", "Cali" waa " Ali", iwm. Xarfaha lagu kala duwanyahay ee ay ka midka yihiin kuwa aan soo sheegnay waxay u badanyihiin kuwa soo galooti ah oo laga soo qaatay afka Carabiga, Tusaale ahaan, magaca "Xarbi" oo ka yimid afka Carabiga, macnahiisuna yahay dagaal, Maxaatiriga sidiisa ayay u qaateen, laakiin Maayga waxay u beddaleen "bilaayo".

Si aan u sii caddayno asalnimada, waxaan tusaale u soo qaadan karnaa ereyga Ciid (Maxaatiri) ama Iid (Maay). Maxaatirigu waxay u yaqaannaan "Ciid" maalinta loo dabbaaldegayo munaasabad muhiim ah, sida tan dhacda dhammaadka Bisha Ramadaan; halka ay Maaygu uu u yaqaannaan

"Iid". Haseyeeshee, Maxaatirigu waxay qofka dhasha maalintaas u bixiyaan "Iidle", (halkii ay dhihi lahaayeen "Ciidle"). Taasi waxay muujinaysaa in Maxaatirigu uu u soo laabtay asalkii oo ahaa "Iid", "Ciidle" lama dhihi karo, maxaayeelay macne kale ayuu qaadanayaa oo ah: "kii carrada lahaay". Sidaas darteed, waxaan tilmaami karnaa in lahjadda Maayga ay ka asalsantahay lahjadda Maxaatiriga.

Haddii cilmibaarisyadii la samaynayay lagu ballaarin lahaa lahjadda Maayga, oo la ogaan lahaa waxa ay ku biirin karto horumarinta af Soomaaliga, waxaa maanta jiri lahaa Qaamuuska af Soomaaliga oo seddax jibbaar ka weyn inta uu hadda yahay. Bal aan tusaale u soo qaadanno ereyga "Yabal". Haddii uu qof ku yiraahdo "aniga maanta yabal ayaa i hayo", wuxuu uga ujeedaa: godka beerta ee kaydka wax iiguma jiraan. Nin laashin ahaa ayaa yiri hadda ka hor:

Ma yaryareysataan markii wax yaalliin, Yabal markii la arkaa ani la i yaduumaa.

(Micnaheeda waa: markii aad wax haysataan ma dhaqaalaysataan ee markii ay idinka dhamaadaan ayaad deyn igu wareerisaan).

Sidoo kale, ereyga "Dhaggaal" waxaa loo yaqaannaa gabadha todobada ku jirto oo caruusadda ah, waana kan ka muuqda tixdan hoose:

Dhegtaan intay dulyartay wax dheefineysaa, Naag Dhaggaal ku jirtoo dhalaysa ii koow.

(Wuxuu ula jeeday: dhegta duleelkeeda inta uu yaryahay ayaa maqalkeedu dheer yahay, naag todobadii ku jirto oo dhalayso adduunka waligey ma arkin).

Tixdu waxay ka mid ahayd shirib laga tiriyay arrin ugub ahayd oo hore u dhacday, taasoo la xiriirtay gabar dhashay, ayadoo ku jirta toddobaadkii arooska. Arrintaas, oo ahayd mid aan hore uga dhicin bulshada dhexdeeda, loona arkay mid ceeb ku ah dhaqanka, waxay soo jiidatay suugaanyahanka, oo ka tiriyay shirib uu ka mid ahaa beydka aan soo xusnay. Haddaba, ereyga "dhaggaal", ama mid macnihiisa xambaarsan lagama heli karo lahjadda

Maxaatiriga, waxayna u badantahay inay jiraan ereyo la mid ah kuwaas aan soo sheegnay oo xoojin lahaa lahjadda la qoray ee Maxaatiriga haddii si wanaagsan loo baari lahaa Maayga iyo lahjadaha kale ee af Soomaaliga.

Dhibaatooyinka haysta af Soomaaliga waxay ka jiraan dhinaca qoridda iyo ku hadalka, labadaba; balse waxaa loo baahanyahay inaan horumarinta lagu koobin hal dhinac oo kaliya ee ay noqdaan wax u dhexeeya qayb hoosaadyada ama dhaqandhaqaalayaasha kala duwan ee ummadda Soomaaliyeed. Khaladaadkii hore u dhacay waxaa ka mid ahaa in Guddigii af Soomaaliga aysan xubnihiisa ka mid ahayn dadka Koonfurtu (beeraleyda, xoolaleyda, reer magaalka) marka laga reebo hal ama laba qof. Sida uu Barfasoor Maxamed Dhalxa ka wariyay abwaan Mustafa Sheekh Cilmi, 75% cayaaraha hiddaha iyo dhaqanka Soomaalidu ay ka yimaadaan beeraleyda.

Sida uu qabo[76], xoolaleydu waxay si joogto ah ugu xagliyaan waxyaabaha ayaga gaarka u ah ee la xiriira dhaqanka, ayagoo ka faa'iidaysanaya xukunka iyo awoodda, waxayna hoos u dhigaan hiddaha, dhaqanka iyo taariikhda bulshooyinka kale. Cuqdad ka dhalatay arrintaas ayaa keentay in bulshada ku hadasha Maaygu ay go'aansadaan inay samaystaan far u gaar ah, oo lagu qoro lahjaddooda. Inkastoo ay hal af isku yihiin Maayga iyo Maxaatirigu, waxaa lagu kala duwanyahayna ay yihiin dhawaaqa oo kaliya, xaqiraad lagu sameeyay lahjaddooda ayaa kalliftay inay sidaas u fogaato bulshada Maaygu.

Suugaanta Maayga waxaa ka buuxa xikmado iyo maahmaahyo wax weyn ku kordhin kara dhaqanka iyo afka Soomaaliga. Sidaas darteed, si afkii iyo dhanqankii loo horumariyo waa in laga faa'iidaystaa suugaanta, xikmadaha, maahmaahooyinka iyo aqoonta la taalla bulshooyinka kala duwan ee ummadda Soomaalyeed.

5.3. AF SOOMAALIGA: AF MISE AFAF: ARAGTIDA BARFASOOR MAXAMED XAAJI MUKHTAAR

Arrinta af Soomaaligu waa mid aan weli degganayn, mana jirto cid baartay oo soo saartay waxa uu yahay iyo inta uu u qaybsamo. Markii la

---

76. Barfasoor Dhalxa (2021)

qoray fartaan hadda la adeegsado sannadkii 1972, waxaa soo baxday su'aal ku saabsan inay tahay far lagu qori karo af Soomaaliga oo dhan. Markaa wixii ka dambeeyay waxaa soo baxayay dhawaaqyo fara badan oo fartaan dhaliilaya. Taasi waxay muujinaysaa inuu jiro kala duwanaan ay tahay in culimada cilmi-afeedku u dhabbagalaan, si qotodheerna u baaraan.

Qoristii farta ka dib, cilmibaarayaal badan ayaa baaris ku sameeyay Maxaatiriga. Haseyeeshee, waxaa nasiibdarra ah inaan waxba laga qorin dhaqanka, hiddaha iyo taariikhda Maayga, oo ah af qaddiimi ah, ka mid ah qoyska Kushitiga, loogana hadlo Geeska Afrika, gaar ahaan Itoobiya, Woqooyiga Kenya iyo Soomaaliya.

Laba guddi ayaa loo saaray qorista af Soomaaliga. Guddiga hore waxaa la saameeyay 1961, halka midka dambe la sameeyay 1966. Guddiyadaas, labaduba, waxay soo heleen in af Soomaaligu leeyahay codad kor u dhaafaya 40.

Mid ka mid ah labada guddi wuxuu helay inay jiraan dhawaaqyo badan oo aan Maxaatiriga ku jirin, kuwaasoo u badan Maayga. Waxaa jira xarfa ku jira Maxaatiriga, sida: C, X iyo KH, kuwaasoo aan ku jirin Maayga. Sidoo kale, waxaa jira xarfo laga helo Maayga oo aan ku jirin Maxaatirga. Nasiibdarro, kooxdaan dambe ee xarfaha ah lama tixgelin markii la qorayay af Soomaaliga, inkastoo ay ka mid ahaayeen xarfaha muhiimka ah. Haddii lagu dari lahaa xarfahaas waxaa laga yaabaa in af Soomaaligu maanta yeelan lahaa hal far oo midaysan, taasoo ay ka faa'iidaysan kari lahaayeen dhammaan dadka Soomaalidu, islamarkaana gacan ka gaysan kari lahayd guud ahaan horumarinta af Soomaaliga.

Maaddaama lagu murmay fartii laga dooran lahaa faraha badan ee la soo jeediyay, arrintuna ay muddo soo jiitamaysay, dowladdii kacaanka, oo ay ballanqaadyadeeda ka mid ahayd qorista af Soomaaliga, waxay xoogga saartay in la qoro afka, far kasta ha noqotee. Sidaas darteed, waxay u muuqataa in arrimo siyaasadeed ay hareeyeen dadaalladii lagu baadigoobayay far u qalanta, oo xallin karta baahida qoriseed ee qaybaha kala duwan ee af Soomaaliga.

Farta kaliya ma ahayn, ee waxaa kaloo Maayga lagu xaqiray dhinaca ereybixinta. Guddigii ay dowladdii kacaanku samaysay ee loo xilsaaray ereybixinta waxay sameeyeen dhowr buug oo ereybixinno ah, kuwaasoo aysan ku jirin wax ereya ah oo ka yimid Maayga.

Khaladaadka kale oo la sameeyay waxaa ka mid ahaa inaan lagu darin Guddiyadii af Soomaaliga ee la sameeyay xubno ama cilmibaarayaal aqoon u leh af Maayga, marka laga reebo nin la dhihi jiray Mustaf, kaasoo ahaa cilmibaare aqoon u leh af Maayga, inkastoo uu bartay cilmiga beeraha. Run ahaantii, waxay ahayd dhaliil weyn in Guddiga, oo ka koobnaa 11 xubnood, hal qof oo kali ahi uu ku metelo afka Maayga ee baaxaddaas leh, oo asaga laftiisu ku shaqaynayay xaalad lagu tilmaami karo "goldhaw"[77] xataa intii ku jiray shaqada Guddiga.

Haddaba, arrinta ugu weyn ee sababtay inaan Maayga wax laga qorin waxay ahayd inaysan ka mid ahayn Guddigii af Soomaaliga cilmibaarayaal aqoon fiican u leh afka Maayga. Sidaas darteed, waxaan ku dhaliili karnaa Akadeemiyadii af Soomaaligu inay gabtay howsheedii, maxaayeelay Maxaatiriga oo kaliya ayay xoogga saartay, halka aan qaybihii kale ee af Soomaaliga la siinnin wax tixgelin ah.

Guddigii ugu horreeyay waxay samayeen cilmibaaris ballaaraan, waxayna soo heleen in af Soomaaligu leeyahay dhowr iyo afartan cod oo kala duwan. Haseyeeshee, fartan qoran ee aan hadda adeegsanno waxay koobaysa wax ka yar afartan cod. Run ahaantii, waxaa habboonayd in Guddigii dambe ay halkaas ka ambaqaadaan, ayna tixgeliyaan codadka jira oo dhan, si loo helo far ay adeegsan karaan dadka Soomaaliyeed ee ku hadla afafka kala duwan oo dhami. Nasiibdarro, sidaas lama yeelin, oo waxaa halkeeddii xoogga la saaray codadka uu leeyahay Maxaatiriga oo kaliya, taasina waxay ku salaysnayd aragtidii sheegaysay in Soomaalidu tahay isku af. Waxay noqotay in la siyaasadeeyay howshii farqorista oo ay ahayd inay noqoto arrin cilmi ah, kana madaxbannaan siyaasadda.

Gacanbidixayntii lagu sameeyay Maayga waxay keentay in dadka Maaygu ka gedoodaan arrintaas, ayagoo billaabay inay samaystaan far u gaar

---

[77]. Erey Maay ah oo loogu yeero ilmaha la nool islaan eeddadiis ah oo uu aabbihii qabo. "Eeddo wiilka way goldhowdaa" ayaa la dhahaa, taasoo looga jeedo inaysan siinnin texgelinta ay siiso kuwa ay ayadu dhashay ee ku aabbaha ah.

ah af Maayga sannadihii 1991 - 1992.

5.3.1. TAARIIKHDA FARTA MAAYGA

Sida farta Maxaatiriga, oo taariikhdeedu dib ugu noqonayso qarnigii 20aad, farta Maaygu waxay leedahay taariikh dheer, waxayna ahayd mid la qori jiray laga soo billaabo qarnigii 19aad.

Farihii lagu qori jiray Maayga waxaa ka mid ahayd farta Carabiga. Tusaale ahaan, Sheekh Aweys *Al-qaadiri* wuxuu gabayadiisa ku qori jiray Maay, asagoo adeegsanaya far Carabi. Waxay jiray gabay Sheekh Aweys uu u ka tirinayo munaasabaddii guusha markii la dilay ninkii gumaysigii Talyaaniga u joogay *Zanzibar*, kaasoo, isaga iyo ciidamadii uu watay lagu laayay Lafoole 1896. *Antonio Cechi*, oo ahaa qunsulkii Talyaaniga u fadhiyay Zanzibaar, waxaa markii dambe loo xilsaaray inuu mustacmarad Talyaanigu leeyahay ka hirgeliyo Koofurta Soomaaliya. Haddaba, gabayga Sheekh Aweys wuxuu ku qornaa af Maay loo adeegsaday xarfaha Carabiga. Ujeeddada ugu weyn ee uu Sheekhu u qorayay Maayga waxay ahayd in diinta lagu faafiyo, oo lagu qoro gabayadii iyo qasiidooyinka diiniga ahaa ee ay culimadu samayn jireen waagaas.

Waxaa kaloo la aaminsanyahay, gaar ahaan degaannada Maayga, in Sheekh Yuusuf Al-kowneyn oo Woqooyiga looga yaqaanno "Awbarkhadle", uu ahaa reer Bakool. Sheekh Yuusuf waxaa lagu xusuustaa inuu billaabay Soomaaliyaynta xuruufta Carabiga ah ee aan ilaa maanta u adeegsanno barashada Qar'aanka Kariimka. Higgaaddii Sheekh Yuusuf: Alif la kordhaway, Alif la hoosdhaway Alif la gode waxaa ka muuqda ereyo ka soo jeeda af Maayga, taasina waxay caddayn u tahay in Sheekh Yuusuf Al-knowneyn uu ka tegay degaannada Maayga, sida ay ku doodayaan dadka ka soo jeeda degaannadaasi.

Laga soo billaabo waagii Sheekh Yuusuf Al-kowneyn, waxaa socotay in fartan Carabiga loo adeegsado qorista Maayga. Tusaale ahaan, waxaad arkaysaa wadaaddo isku deyaya inay dhaxalka af Carabi ku qoraan. Qarnigii 18aad waxaa soo baxay mashaa'ikh fasireysa diinta islaamka, ayagoo adeegsanaya af Maay, ama ku gabyaya. Raggii ugu waaweynaa culimadaas waxaa ka mid ahaa Aw Sheekh Cabdille Isaaq. Sheekhaan oo ku dhashay meel la yiraahdo "Tiyees", wuxuu gabay ka tiriyay Minhaajka iyo culuum kale oo diini ah, asagoo adeegsanaya af Maay. Baardheere ayuu markii dambe u guuray sheekhu, halkaas ayuuna ku dhintay. Dhammaantood gabayadiisu waxay ka hadlayaan arrima la xiriira cilmiga diinta, oo ay ka midyihiin: Arkaanul-islaam, Arkaanul-iiman, tafsiirka Minhaajka iyo qasiidooyin Sheekh Cabdille wuxuu sahlay, oo af Maay ku soo koobay axkaamtii dhaxalka, taasina waxay marjac siinaysay culimada kale, iyo guud ahaan dadka ku hadla Maayga.

Saamayntii gabayadaas waxaa ka mid ahayd in xatax carruurtu ay qabteen Carabi lagu laqbeeyay af Maay; waxaad arkaysaa cunug yar oo qori kara, akhrinna kara af Carabiga. Sideedaba, marka laga hadlayo af, waxaa loo baahanyahay in qofku qori karo, akhrin karo, fahmina karo. Haddaba, marka uu labada hore yaqaanno, ardayga waxa ka dhimman ee uu u baahanyahay waa fahamka. Sidaas darteed, markuu dhammeeyo labadaas ayaa ardayga loo diri jiray xeraysi, si uu soo barto tafsiirka Qur'aanka Kariimka iyo Axaadiista Nabiga. Intaas markuu soo barto ayuu dib ugu noqon jiray degaankiisii, halkaasoo uu ka billaabi jiray inuu kutubta diiniga ah ee ku qoran af Carabiga ku laqbeeyo af Maay. Dariiqadaas waxbarashada oo loo yaqaan *"TACLIIMUL CARABIYA LI QEYRIL NAADHIQIINA BIHAA"* (barista Carabiga dadka aan ku hadlin af Carabi) waa mid ilaa maanta la adeegsado.

Haddaba, Maaygu sidaas ayuu u xoog badnaa marka laga hadlayo waxbarashadii diiniga ahayd ee loo xeraysan jiray. Marka xatax la fiiriyo Soomaalidii raacan jirtay diinta, oo ay ku jiraan Maxaatirigu, waxay u soo xeraysan jireen dhulkan Koofurta, sida: Baardheere, Bakool iyo Marka. Sheekh Cabdiraxamaan Saylici oo reer Bakool ahaa wuxuu sameeyay gabayada naxwaha iyo *sarfi-ga* oo Carabi ah. Wuxuu ku aasanyahay Quluunqul oo u dhow magaalada Dhagaxbuur ee dowlad-degaanka Soomaalida Itoobiya. Haddaba, qoristii iyo horumarkii afka Maaygu waxay u badnayd af Carabiga.

Ninkii ugu horreeyay ee Farta Maayga allifay wuxuu ahaa nin la dhihi jiray "Mustafe". Sida tii *Cusmaaniya*-da, farta Mustafe waxay ahayd mid asal ah oo aan xiriir la lahayn Carabi iyo *Latin* midkoodna. Waxaa jira qoraallo laga sameeyay fartaas sannadkii 1961, kuwaasoo hadda la heli karo. Haseyeeshee, fartaasi kama mid ahayn farihii la soo bandhigay ee la tartansiinayay, oo waa laga eexday.

Marka laga tago Mustaf, waxaa jira kooxo u badan dibadjoog, kuwaasoo dadaallada la xiriira Farta Maayga soo waday ilaa 1972. Kooxahaas waxaa la dhihi jiray "Afyaaal" oo macnaheedu yahay "gabyaa", waxayna kala joogi jireen Sacuudi Carabiya, Talyaaniga iyo Maleeshiya. Afyaal waxay isku dayayeen inay afka Maayga u sameeyaan far lagu qoro. Waxaa xataa jiray xubno ka mid ah kooxdaas oo lagu xiray dalka gudihiisa, kuwaasoo ay ka mid ahaayeen AUN Maxamed Nuur Caliyow iyo nin la yiraahdo Niinni. Taasi waxay keentay in dadkii baqaan oo dalka ka cararaan.

Dadaalkaasi wuxuu socdaba, 1992 ayaan, annagoo ah urur la dhaho *Interreverine Study Associatin (ISA)*, saldhigiisuna ahaa Maraykanka, waxaan qabannay shir la yiraahdo *African Studies Association,* halkaasoo aan ka daahfurnay fikradda aan u bixinnay *Invention of Somalia,* oo macnaheedu yahay "Raadinta Soomaalida Dhabta ah". Ujeeddadu waxay ahayd inaan baraarujinno xaqiiqda jirta oo ah inay Soomaaliya (sida hadda loo qeexo) ay wax ka maqanyihiin, ayna lagama maarmaan tahay in la baadigoobo Soomaalida oo dhammaystiran. Shirkaas waxaa ka soo qaybgalay Soomaali iyo shisheeye u dheg taagay mowduuca laga hadlaayay, waxaana laga soo saaray buug.

1993 ayaan mar kale qabannnay shir xubnaha ISA dhexdooda ah, annagoo farriintayada gaarsiinnay madal kale oo la yiraahdo *"Somali Studies"*, taasoo ka dhacday Magaalada *Manchester* ee dalka Ingiriiska. Halkaas waxaan ka soo jeedinnay dood aan ku iftiiminnay fikrad ka duwan tan laga haysto Soomaalida, oo la sheego inay yihiin isku af iyo isku dhaqan. Waxaan miiska keennay su'aasha ah: maxay Soomaalidu isu dilaysaa haddii ay isku af tahay? Waxaan sharraxnay in khilaafka Soomaalida ee xalka loo la'yahay uu salka ku hayo kala duwananshaha dhaqanka, aysanna la xiriirin siyaasad, sida loo maleeyo. Fikraddaasi waxay noqotay mid loo riyaaqay, Soomaali iyo shisheeyaba.

1994, ISA waxay samaysay shirweyne caalami ah, kaasoo ay ka soo qaybgaleen aqoonyahanno fara badan oo isugu jiray Soomaali iyo shisheeye. Halkaas waxaa lagu soo bandhigay afar farood oo mid waliba u sharxnayd far Maayga. Guddi farsamo oo farahaas soo kala saara ayaa shirku saaray. Farqiga jiray ee allifayaasha farahaas kala duwan u dhexeeyay wuxuu la xiriiray codadka oo ay qaarkood ka badinayeen, balse lix ayay isku raacsanaayeen. Ugu dambayn, shirkii wuxuu isku raacay far loo bixiyay elef-Maay, taasoo adeegsigeedu socday ilaa hadda.

Dastuurkii lagu qabyaqoray shirkii dibuheshiisiinta ee ka dhacay *Mbagathi, Kenya* sannadkii 2004 waxaa ku soo baxday in af Soomaaligu yahay Maay iyo Maxaatiri. Dad badan ayaa la yaabay, balse annagu (ISA) waan ku faraxnay, maxaayeelay waxaan dareennay inuu dadaalkeennii miradhalay. Wixii ka dambeeyay waagaas, waxaa soo kordhayay fahamka iyo garwaaqsiga loo hayo arrintan. Intaa waxaa dheer, cilmibaarayaal ka mid ah Maxaatiriga oo cilmibaaris ku sameeyay Maayga waxay ogaadeen inay dhabtahay inay codad ka maqanyihiin far Soomaaliga la adeegsado hadda.

Sannadkii 2014 ayaan u dabbaaldegnay labaatanguurada fartii Elef-Maay. Dadkii ka soo qaybgalay munaasabaddaas waxaa ka mid ahayd Drs. Dahabo Faarax, oo ahaan jirtay Hormuudka Kulliyadda Afafka. Dahabo waxay qirtay waxyaabihii khaldamay oo dhan. Waxaa kaloo joogay Dr. Maxamed Cali Nuux oo ku takhasusay taariikhda afafka.

Waxaa layaab lahayd sheeko uu halkaa ka sheegay nin dhakhtar ah oo shirka ka soo qaybgalay:

> Markii aan ka qalinjebiyay Jaamacadda Ummaadda Soomaaliyeed waxaa la ii beddelay magaalada Waajid, si aan uga soo shaqeeyo halkaas. Haseyeeshee, waxaan is af garan weynay dadkii bukaanka ahaa ee aan u adeegayay. Waxaan halkaas ugu tegay oo ka shaqaynayay dhakhaatiir Ruush ah, kuwaasoo intii aan dalka loo soo dirin la soo baray Maayga; sidaas darteed, ayagu way fahmayeen bukaanka.

Waxaan ka caloolxumooday in aanan fahmayn dadkaygii, halka nin ajnebi ahi uu fahmayo. Runtii, ma ahayn in Jaamacaddu ii dirto degaan aanan afka looga hadlayo garanayn, ayadoo aan la ii diyaarin.

2018 ayaa la qabtay shir kale oo ay qabanqaabiyeen culimadii ISA. Shirkaas waxaa lagu sameeyay guddi kale oo loo xilsaaray inay sii horumariyaan farta Elef-Maay – habqoraalkeeda, iwm. Fartaas oo lagu sameeyay dibu-eegis kooban, lana hagaajiyay ayaan rajaynaynaa inay soo baxdo mar dhow, adeegsigana si ballaaran loo hirgeliyo.

5.3.2. FARQIGA U DHEXEEYA MAAYGA IYO MAXAATIRIGA

Maay iyo Maxaatiri waa laba af oo deris ah. Sidaa darteed, waxay wadaagaan arrimo badan oo ay ka midyihiin dhaqaalaha iyo bulshada; waxayse ku kala duwanyihiin codadka. Maxaatiriga waxaa aad ugu badan dhawaqyada *Semitic*-ga, gaar ahaan Carabiga, taasoo ka imanaysa saamaynta juquraafiyeed. Waa taas sababta ay ugu jiraan Maxaatiriga xarfaha *xalqi-ga* ah, sida: C, X iyo KH, oo aan ku jirin afka Maayga. Tusaale ahaan, qofka u dhashay af Maayga waxaa ku adag inuu sideeda u akhriyo kelmada "Alxamdu", wuxuu dhahaayaa "alhamdu". Dhinaca kale, qofka reer Mudugga ah, tusaale ahaan, waxaa ku adag inuu si sax ah ugu dhawaaqo xarafka "Jh".

Marka laga eego dhanka siyaasadda, qolada Maxaatirigu waxay u badanyihiin xoolaleey, kuwaasoo ka duwan dadka beeraleyda, kalluumaysata, farsamayaqaanka, iwm. Halka xoolaleydu guurguurto, beeraleyda iyo kalluumaystadu ma sameeyaan dhaqdhaqaaq badan, waana bulsho leh degaanno fadhiya oo aan inta badan isbedbeddelin. Waxyaabaha uu Maaygu kaga fiicanyahay Maxaatiriga waxaa ka mid ah ereybixinta, maxaayeelay wuxuu ka faa'iidaysanayaa wixii dadka leh dhaqandhaqaalaha kala duwan ee aan guurguurayni ay sameeyeen.

Sidaas oo ay tahay, qofka mid ahaa Guddigii af Soomaaliga oo la waraystay wuxuu sheegay in markii ay ereybixinta samaynayeen ay ka raadin jireen: Marka koowaad Maxaatiriga, marka labaad af Carabi, marka seddaxaadna afafkii gumeystayaasha. Haddaba, haddii aan siyaasadi ka dambayn, waxay ka raadin lahaayeen afafka kale ee Soomaaliyeed, sida Maayga.

Reer guuraagu ma lahayn maamul siyaasi ah, maaddaama uusan lahayn degaan rasmi ah; ama waxay ahayd wax ku eg hal magaalo, haddiiba ay dhacdo. Tusaale ahaan, Saldanaddii Caluula, oo ahayd saldanad weyn, waxay ku ekayd hal reer oo kaliya. Sidoo kale, Saldanaddii Hobyo.

Sidaas si ka duwan, saldanihii Koofurta waxay ka koobnaayeen dadyow kala duwan. Tusaale ahaan, saldanaddii Luuq waxay maamuleysay qabaa'ilka Mirifle oo dhan. Sidoo kale, Saldanadii Afgooye waxay ahayd mid weyn oo ay hoos imaanayeen Soomaali oo dhan. Sidaas darteed, ilbaxnimada reer guuraaga ma aysan gaarin in wax la isla yeesho; haseyeeshee, kuwani waxay kaga duwanyihiin inay oggolyihiin wadanoolaashaha iyo wax-isla-yeelashada.

Abaabulka dowladnimada Soomaaliya ee casriga ahi wuxuu billowday 1956, markaas oo ay bulshooyinka Soomaalidu billaabeen inay wax wada yeeshaan, isna dhexgalaan. Wixii ka horreeyay markaas, dadku waxay ahaayeen kuwa aan isu warheyn, oo qoloba meel deggantahay. Sida ay u egtahay, reer guuraaga, oo awooddu gacanta u gashay, waxay dowladnimadii la aadeen dhaqankoodii iyo wixii ay gaarka u lahaayeen, halka qolyaha kale ay leeyihiin: waa la isla leeyahay ee cagta u dhiga.

Haddaba, af Maaygu wuxuu kaalin weyn ka qaadan karaa horumarinta iyo hodantinimada af Soomaaliga, sababtoo ah waxyaaba badan oo aan laga helayn Maxaatiriga ayaa ku jira, ha noqoto dhaqan, suugaan iyo ereybixin intaba. Sidaas darteed, waxaa lagama maarmaan ah in la dabaqabto arrimihii ay ka gaabisay Akadeemiyadii hore ee Dhaqanka, oo markii dambe isu beddeshay "Akadeemiyadaha Cilmiga, Fanka iyo Suugaanta", si loo helo af Soomaali midaysan oo horumarsan.

Marka la sheegayo muhiimadda taariikhda, waxaa la yiraahdaa: qofka aan ka warqabin wixii ka horreeyay (intii uusan dhalan) weligiis dhallaan ayuu ahaadaa. Haddii aan Soomaali nahay, waa inaan dib ugu noqonno taariikhdayada, oo dib u noqonaysa muddo qarniyaal ah ee aan ka billaabanayn xilligii la qaatay gobonnimada.

Ummadaha kale ee adduunku waxay fahmi la'yihiin qalalaasaha daba dheeraaday ee aan ku jirno, haddiii aan Soomaali nahay. Tusaale ahaan, anigu waxaan ahay macallin dhigayay cilmiga taariikhda muddo 50 sano ah. Dalka Maraykanka ayaan ku noolahay, waxna ka baraa. Haddaba, waxaa igu adag inaan fahamsiiyo ardayda sababta ay Soomaalidu isu dilayso. Si taas ka duwan, waxaa ii fudud inaan u sharxo ardaydaas coladaaha sokeeye ee ka dhaca dalalka kale ee Afrikaanka ah, sida: *Nigeria*, *Rwanda* iyo *Sudan*, maxaayeelay coladahaas waxay salka ku hayeen kala duwanaansho xagga isirka iyo dhaqanka ah, marka la eego *Rwanda* iyo *Sudan*; ama arrimo dhaqaale, marka laga hadlayo *Nigeria*. Haseyeeshee, Soomaaliya waxaa taariikhda u gashay inay yihiin dad isku af ah, isku dhaqan ah, iskuna isir ah. Markaas, su'aal ayaa soo baxaysa, oo ay ardaydu i waydiiyaan: haddii aad sidaas tihiin, maxaad isku dilaysaan? Waa su'aal aan jawaab sax ah loo heli karin, maxaayeelay markii hore ayaa si khaldan loo qeexay Soomaaliya. Sidaas darteed, waxaan u baahannahay inaan dib u eegno taariikhdeenna, dibna loo saxo khaladaadkii la galay.

Waxaa jirta maahmaah Maay ah oo oraynaysa: qofka qaladaadkiisa ku soo celceliyo baaba' baa u dambeeya. Burburkii nagu dhacay waxaa laga eegay dhinaca dowladnimada. Marar badan ayaa la dhisay dowladdii, welise way dhismi la'dahay. Sidaas awgeed, waa inaan wax ka baranno qaladaadkii aan galnay, kuna dabaqno dhismaha dambe ee aan samaynayno.

5.3.3. AFKA IYO QARANNIMADA

Sida la wada ogyahay, afku kaalin weyn ayuu ku leeyahay midnimada iyo qarannimada. Haddaba, ayadoo ay soo xoogaysanayaan dhawaaqyada ku baaqaya in la soo dhoweeyo kala duwanaashaha dhinaca afka iyo dhaqanka ee ay leeyihiin bulshooyinka Soomaaliyeed, ayuu, dhinaca kale, jiraa welwel ay dadka qaarkood qabaan, kaasoo ku saabsan saamaynta taban ee ay taasi ku keeni karto midnimada iyo qarannimada dadka Soomaaliyeed.

Haseyeeshee, anigu waxaan qabaa in kala duwanaashaha afka iyo dhaqanku uu yahay mid waxtar u leh horumarka iyo wadajirka ummadda, maxaayeelay marka ay bulshooyinka wada nool ee qaran ka dhexeeyo is aqoonsadaan, waxaa sii kordhaysa wadashaqayntooda, waxaana sii xoogaysanaya wadajirkooda. Haddiise la is cabburiyo, la qariyo ama la inkiro kala duwanaashahaas, waxaa dhalanaysa kala qaybsanaan iyo cunfi keeni kara dibudhac ummadeed iyo kala daadasho bulsho.

Beri hore, waxaa jiray falsafado ku hanuunsan midnimada, oo wax walba ka hormariya, balse dunida casriga ahi waxay garwaaqsatay inaan taasi waxtar badan lahayn ama shaqaynayn, halkeediina waxaa la soo dhoweeyaa kala duwanaashaha. Tusaale ahaan, dalka Maraykanka waxaa ka jiri jiray midabtakoor ba'an, ayadoo ninka caddaanka ah uu aaminsanaa inuu ka sarreeyo bani'aadamka kale oo dhan.

Gaar ahaan, dadkii madoobaa ee Afrika laga soo dhoofiyay ayaa la diiday bani'aadamnimadooda, ayadoo laga hoosmariyay xayawaanka. Laakiin markii dambe, Maraykanka cadi waxay garwaaqsadeen inaan fikraddaasi shaqaynayn, waxayna go'aansadeen in la xoreeyo dadkaas, oo ay la xuquuq noqdaan dadyowga kale. Taasi waxay ka dhigtay Maraykanka qaran leh bulshooyin wada shaqeeya iyo dal horumarsan. Inkastoo ay weli jiraan caqabado siyaasadeed, oo golayaasha laga xukumo Maraykanka ay weli dadka madowga ahi aad ugu yaryihiin, haddana waxaa soo kordhaya aqbalaadda loo hayo xuquuqdooda siyaasadeed.

Waxyaabaha kale ee laga bartay taariikhda waxaa ka mid ah wixii ka dhacay Jarmalka iyo Talyaaniga, marka la eego in hal wax lagu dhego oo kala duwanaashaha la diido. Labadaas dal waxay, labadooduba, soo saareen dad isku af ah, isku diin ah, isku dhulna ah. Balse maxay ku dhammaatay? Jarmalkii wuxuu noqday *Nazi*, halka Talyaanigii noqday *Fascist*. *Nazi*-nimada iyo *Fascist*-nimadu waxay diideen in cid kaleba ay jirto; qabweynidaas ayay ahayd tii horseedday Dagaalkii Labaad ee Dunida, kaasoo lagu jebiyay labadoodaba.

5.4. AF SOOMAALIGA: AF MISE AFAF: ARAGTIDA BARFASOOR CAB-DALLA MANSUUR

Guud ahaan, af Soomaaliga waxaa lagu tilmaami karaa hal af oo aan u kala qaybsamin laba af iyo ka badan, inkastoo ay jiraan afaf kale oo aad u kooban, oo ay ka midyihiin kuwa ka soo jeeda Sawaaxiliga, sida: afka *"Chamiin-*ga" ama af Barawaaniga, Mushunguliga iyo Baajuuniga. Dadkaas (reer Baraawe, Mushunguliga iyo Baajuunta) oo meelo kookooban deggani waxay ku hadlaan afaf ka soo jeeda Sawaaxili, kaasoo aan wax xiriira ah la lahayn Bahda Kushitigga iyo af Soomaaliga midna. Marka kuwaas laga reebo, dadka deggan degaannada Soomaalida waxay ku hadlaan hal af, oo leh lahjado kala duwan, taasina waa dhaqan aan la wadaagno ummadaha kale ee adduunka, oo mid kasta ay leedahay hal af oo u qaybsama lahjado.

Marka la kala saarayo af iyo lahjad, waxaa la adeegsadaa xeerka cilmiga afafka. Guud ahaan, af kasta wuxuu leeyahay ereyo inta badan ka yimaada laba irid midkood. Iridda koowaad waa ereyada asalka ah ee afkaasi leeyahay; iridda labaadna waa ereyo laga soo amaahday afaf iyo dhaqamo kale, kuwaasoo si dhuumasho ah uga mid noqday afka. Tusaale ahaan, "warqad" iyo "xaashi" waa ereyo aan ka mid ahayn ereyada asalka ah ee af Soomaaliga. Ciddii noo keentay shayga lagu magaacabay "warqad" ayaa magiciisana noo keentay, oo shaygii iyo magiciisii oo is wata ayaa hal mar na soo galay. Sidoo kale, ereyga "raadiye" ma aha af Soomaali asal ah; shayga iyo magiciisaba waxaa noo keenay Talyaani iyo Ingiriis. Sidaas darteed, haddii dhaqan cusubi soo galo, asaga ayuu magiciina ku soo dhuumanayaa, dabadeedna afkii ayuu si tartiibtartiib ah uga mid noqonayaa. Haddaba, labadaas kooxood ee ereyada ah oo af kasta uu ka koobanyahay waxaa loo yaqaanna: ereyada la soo ergaday iyo ereyada aan la soo ergan (asalka ah). Marka aan taas fahamsannahay ayaan si waxtar leh u kala abla-ablayn karnaa ama u kala bixin karnaa afka iyo lahjadda.

Marka la baarayo afkaka, si loo ogaado waxa ay yihiin (afaf ama lahjado), waxaa lagu saleeyaa ereyada asalka ah ee labada dhinacba ku jira, lamana tixgeliyo ereyada la soo ergadey. Ereyadaaasi waa kuwa tilmaama waxyaabaha asalka ah ee degaan kasta laga heli karo. Tusaale ahaan, jirka marka laga hadlayo, waxaan leennahay: gacan ayaa i xanuunaysa, ee ma dhahayno: *"yad-*da" (gacan oo af Carabi ah) ayaa i xunuuunaysa, ama *"ra'si-*ga" ayaa i xanuunaaya; lug ayaad leedahay ee ma oranaysid *rijli*. Haddaba, waxyaabaha asalka afka noqonaya ee aan ergashada gelin waxaa ka mid ah xubnaha jirka iyo tirooyinka. Tirada marka laga hadlo, ummad kasta waxay leedahay oo asal ah 1 ilaa 5.

Waxaa kaloo aan ergasha gelayn magac-u-yaallada, sida: ani, adi, isaga, iwm. "Aniga" marka aan leeyahay "*anaa*" ma dhahayo, balse ani oo af Soomaali ah iyo "*anaa*" oo af Carabi ahi waa isku asal, taasina waxay muujinaysaa xiriirka ilma-adeernimo ee ka dhexeeya labada af, kaasoo aan soo sheegi doonno. Waxaa kaloo aan ergasho gelin ereyada: qorrax, dhul, iwm. Haddaba, 100 ilaaa 200 oo ah ereyada nuucaas ah oo labada dhinacba ku jira ayaa la uruuriyaa, dabadeedna waxaa la fiirinayaa boqolkiiba inta ay celcelis ahaan wadaagaan. Haddii ay 51% iyo wixii ka badan wadaagaan waa lahjado ee afaf ma aha; haddiise ay wax ka hooseeya 50% wadaagaan waa afaf kala duwan, balse qaraabo ah (xiriir ka dhexeeyo). Haddaba, markii xeerkan lagu dabbaqo lahjadaha Soomaalida, gaar ahaan lahjadaha Maay iyo Maxaatiri, waxay wadaagaan wax ka badan 70 – 80%, taasina waxay ka dhigaysaa lahjado.

5.4.1. XIRIIRKA KA DHEXEEYA MAAYGA IYO MAXAATIRIGA

Guud ahaan, Maay iyo Maxaatiri waa labada lahjadood ee ugu waaweyn lahjada looga hadlo Soomaaliya. Sidii aan hore u soo sheegnay, waxyaaba badan oo ay wadaagaan darteed, Maayga iyo Maxaatirigu waa laba lahjadood sida uu qabo xeerka cilmi-afeedka. Waxaa laga yaabaa in dadku ay fiirinayaan dhawaaqa ereyada aan la fahmaynin. Haseyeeshee, cilmi-afeedku dhawaaqa kaliya ma fiiriyo ee wuxuu fiiriyaa naxwaha iyo ereyada dhawaaqoodu kala duwanyahay, balse asalkoodu isku midka yahay. Haddaba, ereyada ay lahjadda Maaygu ka koobantahay seddax qaybood ayaan u qaybinaynaa, marka loo fiiriyo lahjadda Maxaatiri:

1) Ereyo ay labada lahjadood iskaga midyihiin, macna ahaan iyo dhawaaq ahaanba; tusaale: dal, il, san, dheg, dhiig, beer, dhul, been, run, bir far, af, galab, jid, iwm.
2) Ereyo labada lahjadood wadaagaan, balse uu ku jiro kala duwanaan yar oo xagga dhawaaqa ah, taasoo inta badan ka imaanaysa xarfaha

"x" iyo "c".

Shax 2: Ereyo uu dhawaaqoodu kala duwanyahay

Maxaatiri	Maay
Cir	Ir
Xaal	Aal
Madax	Mada'

Shax 3: Ereyo uu codkoodu isbeddelay

Maxaatiri	Maay
Ari	Eri
Keen	Sheen
Kaalay	Kooy

Dadka qaar ayaa ku doodaya in xarafka "sh" (tus. sheen) uu ka yimid af kale; mase aha sidaas. "sh"-da waxay isu beddeshaa "k", taasna waxaa daliil u ah tirada. Tusaale; kow, laba, seddax, afar, shan....; marka aan gaarno tobonaadyada, sida: toban, laba waa labaatan, seddax waa soddon, afar waa afartan, laakiin shan ma aha shantan ee waa konton; xarafkii "Sh"-da ayaa "k" isu beddelay; lix waa lixdan, todobo waa todobaatan, siddeed waa siddeetan; kulligood xarafka hore waxba iskama beddelin, balse "shan" waxay isu beddeshay "konton", maxaayeelay "k" ayaa asalka ah oo dadyowga kale ee Kushitigga ku hadla oo dhami tirada "shan" waxay dhahaan "kon"; af Soomaaliguse (Maxaatiriga) waa lumiyay oo wuxuu u beddelay shan. Marka "k"-da iyo "sh"-da way isbeddelaan; xataa Carabiga, meesha ay fusxadiisu leedahay "*Kayfa Xaaluki*", Yamaniyiintu waxay dhahaan "*Kayfa Xaalish*". Tusaale kale, ereyga "shimbir" asalkiisu wuxuu ahaa "kimbir", taasina waxay ka muuqataa afafka Kushitigga ee kaydiyay asalka, meesha af Soomaaligu lumiyay. Sidoo kale, dugaagga "shabeelka" waxaa la dhihi jiray "kabeel". Sidaas awgeed, "K"-da ayaa mar kasta asal ah. Isbedbeddelka dhawaaqyadu ma aha wax af Soomaaliga u gaar ah, ee afaf kale ayaa nala wadaaga.

Qaybtan labaad ee aan kor ku soo falanqaynay waa koox ereyo ah oo ay wax yar ku kala beddelanyihiin labada lahjadood.

3) Waxaa kaloo jira qayb saddexaad oo ah ereyo sooyaal ah, kuwaasoo uu adeegsigoodu weli ku dambeeyo Maayga, Maxaatiriguna lahaan jiray balse ka baaba'ay. Ereyadaas waxaa ka mid ah ereyg "So'", oo macnahiisu yahay "hilib" marka la eego lahjadda Maayga iyo lahjadaha kaleba. Ereyga "hilib" waa gadaalka-imaad ergasho ku yimid, (laga yaabee Harar iyo meelahaas inuu nooga yimid). Taas waxaa loo daliishan karaa tixdan soo socota oo ka mid ahayd gabay uu tiriyay Sayid Maxamed Cabdille Xasan, oo aan ku hadli jirin lahjadda Maayga:

> Ma sabaan ka sabaan baa
> <u>So'</u> yaqaanka dugaagiyo
> Haaddii aanu sebiyaynay
> Soominnay oo qadinnay.

Ereyga "So'yaqaan" wuxuu macne ahaan la midyahay "hilibcune". Soomaaliduna waa tan tiraahda "neefkani <u>so</u>' iyo sar mid ma leh, iwm". Haddaba, ereygan ma soo ergan Maxaatirigu, balse ereyadiisii asalka ahaan jiray ayuu ka midyahay.

Dhinaca kale, waxaa jira ereyo Maxaatirigu soo ergaday, kuwaasoo aan Maayga ku jirin, sida: "beed" oo macnihiisu yahay "ukun", iyo "milix"; labada ereyba waxaa laga soo ergaday af Carabiga. Ereyada nuucaas ahi waxay ku badanyihiin Maxaatiriga marka loo barbardhigo Maayga, maxaayeelay degaannada looga hadlo Maxaatiriga waxay xigaan xagga xeebaha, halkaasoo ay ka timid saamaynta af Carabigu.

Maadama uu ku jiray gudaha (dhulka xeebaha ka fog). Maayga waxaa ku yar saamaynta luqadaha shisheeye, taasaana u suuragelisay inuu kaydiyo ereyo asal ahaa oo uu lumiyay Maxaatirigu. Tusaale kale oo caddaynaya middaas: ereyga "dhaw" oo ay adeegsadaan Maxaatiriga iyo Maaygaba, laba macne oo kala duwan ayay u isticmaalaan. Maxaatirigu wuxuu u adeegsadaa "galmo", halka Maaygu u adeegsado "garaacid". Haddaba, ereygani wuxuu Maxaatirigu u adeegsan jiray isla macnaha Maaygu hadda u adeegsado, balse waxaa kaalinriixay oo meeshiisii galay ereyga "garaac", kaasoo laga soo ergaday af Carabi. Taasi waxaa daliil u ah: Garaac waxay ka timid *"Qaraca"* oo Carabi ah; balse lama hayo asalkiisii Soomaaliga ahaa, kaasoo ay tahay inaan ka dhex raadinno ereyada lammaanan ee aan minguurin, oo uu kaydiyay maxaaatiriga. Si aan u helno asalka ereygaas, bal aan eegno ereyada: suuldhabaale, afdhabaandhab, dhegadhabasho, iwm; haddii ereyga "garaac" uu asalkii yahay waxaan arki lahayn iyadoo la leeyahay: suulgaraacid, dhegagaraacid, iwm. Raage Ugaas ayaa laga hayaa tix ay ku jirtay: afdhabaandhab aayara nin ku aamusaan ahaye......; afgaraacid ma dhihin. Waxaa jira shimbir wax garaaca oo loogu yeero "dhawdhaw"; haddaba, iswaydiintu waxay tahay: maxay magacyada aan soo sheegnay iyo kuwa la midka ahi u qaadan waayeen ereyga "garaac" oo "dhaw" loogu beddeli waayay?

Sababtu waxay tahay, waxay soo baxeen intii aan isbeddelku dhicin; sidaas darteed, beddelkoodu ma fududayn. Waxaa kaloo jira ereyga "shiid" oo laga adeegsado Gobollada Woqooyi, macnihiisuna yahay tuuryada dhagxaanta; tusaale ahaan, waxay ku leeyihiin "waan shiidnay (waan dhagaxyaynay)". Isla ereygaas (shiid) Maaygu wuxuu u yaqaannaa "dhagaxa"; waxaa la hubaa inuusan ereygani ergasho ugu tegin reer woqooyiga, maxaayeelay aad ayay u kala fogyihiin Woqooyi iy dhulka Maayga looga hadlo.

Maayga, iyo Kushitiga oo dhami, geela waxay ugu yeeraan "gaal", balse Maxaatirigu wuxuu ugu yeeraa "geel"; laba erey oo kala duwan ayaa la moodaa, laakiinse waa isku hal erey. Sidoo kale, Maayga ereyga "dhur" wuxuu u adeegsadaa "nasiib" oo Maxaatirigu uu aalaaba adeegsado. Isla macnahaas ayuu Maxaatiriguna u aqoon jiray, oo "nasiib" waxaa laga soo ergaday af Carabiga. Bal u fiirso ereyadan lammaanan ee Maxaatirigu adeegsado: dhurdarro = nasiibdarro, dhursugid, iwm. Tusaale, waxaan ka dhursugayaa = waxaan rajo ka qabaa, iwm.

Midda kale, lahjadda Maxaatiriiga xarfaha "c" iyo "x" ayaad arkaysaa in meelo aan looga baahnayn la gelinayo, sida, tusaale ahaan, cirbadda la isku duro oo Carabiga laga soo ergaday waa *"irbah"* ee *"cirbah"* ma aha; Soomaalida qaarkood waxay yiraahdaan: maanta cisbitaalka ayaan aadayaa; AJIB waa magac shirkad Talyaani ah, "cajabka ayaan tagayaa" buu ku leeyahay. Sidoo kale, ereyada, sida" ereyga "maxaysato" ma aha ee waa "mahaysato". Haddaba, ereyadaasi waxay ku tusayaan in adeegsiga xarfaha C iyo X, oo ah farqiga ugu weyn ee u dheexeeya Maayga iyo Maxaatiriga, laga badbadiyay meelaha qaar.

Sidaas darteed, Maayga iyo Maxaatirigu waa kuwo cilmi ahaan aad isugu dhow, oo xataa isaga sii dhow lahjadaha kale ee af Soomaaliga; waa laba lahjadood ee ma aha laba luqadood, balse dadka aan aqoonta u lahayn cilmi-afeedka ayaa u qaata inay yihiin laba luqadood oo kala duwan, marka ay arkaan dhawaaqa kala beddelan ee ka dhashay xarfaha "X" iyo "C".

5.4.2. MAAYGA IYO FAR SOOMAALIGA

Waxaa jira dad qaba in waagii laga shaqaynayay qorista af Soomaaliga aan la tixgelin cododka gaarka u ah Maayga, taasina ay keentay in markii dambe dadka Maayga ku hadla ay dareemeen inaan farta la qoray ahayn mid dabooli karta baahidooda qoraal oo dhan, sidaas darteedna loo baahanyahay in Maaygu uu yeesho far u gaar ah.

Si kastaba ha ahaatee, waxaa jirtay in Guddigii af Soomaaliga ee la sameeyay 1961 uu Shire Jaamac[78] kula taliyay inuu fartiisa ku daro labada shibbane ee: "ny" iyo "jy". Haseyeeshee, Shire Jaamac wuxuu markii dambe go'aansaday inuu ka reebo shibbanayaashaas. Sababtu waa mid la fahmi karo, oo haddii ummaddi ay leedahay lahjado badan, hal mid uun baa noqonaysa afka rasmiga ah ee la qoro. Guud ahaan, seddax qaab midkood ayay ku soo baxdaa lahjadda noqonaysa afka rasmiga ah ee la qoro:

1. Siyaasad: awood dowladeed ayaa la adeegsadaa, si loo hirgeliyo lahjadda. Afka Amxaariga oo boqortooyooyinkii Amxaarada ee Itoobiya ka talin jiray ay hirgeliyeen ayaan u soo qaadan karnaa tusaale. Sidoo kale, af Ingiriisiga la qoro waa lahjaddii looga hadli jiray Magaalada London, oo ah xarunta dowladda; waxaa la mid ah af Faransiiska.

---

78. Cilmibaarihii allifay farta Soomaaliga.

2. **Xirfad Qoraal:** xirfadda sarraysa ee qoraalku waxay gacan ka gaysataa soo bixidda lahjadda rasmiga ah. Tusaale ahaan, dalka Talyaaniga, *Alessandaro Manzoni* ayaa qoray buug dadka cajab geliyay, taasina waxay keentay in lagu daydo; halkaasna waxaa ka dhalatay in lahjaddii gobolkii ninkaasi ka soo jeeday ay noqotay af Talyaaniga rasmiga ah.
3. **Diinta:** lahjadda ku qoran macluumaad diini ah waxay noqotaa midda guud. Lahjadaha sidaas ku soo baxay waxaa tusaale fiican u ah afka Carabiga, kaasoo lahjadda Qur'aanka Kariimka ahi ku soo degay ay noqotay luqadda fusxada ee Carabta oo dhami isku fahamto. Sidoo kale, lahjadda dadka Jarmalku raaceen ee noqotay midda guud waa middii *Martin Luther* (ninkii *Protestant*-ka soo saaray) uu ku qoray *Bible*-ka, waxayna ahayd lahjaddiisa.

Seddaxdaas qaab ee aan soo sharaxnay ayay lahjaddu ku noqotaa mid guud.

Soomaaliya haddii aan u soo noqonno, ma jirto meel lagu sheegay, ama cid amartay in lahjad gaar ah la qoro. Waxaa jirta kutirikuteen sheegaysa in la qoray, oo awood lagu hirgeliyay lahjaddii reer Mudugga, waxse kama jiraan. Lahjadda la qoray waxay ku soo baxday si iskeed ah, maxaayeelay fartu waxay markeedii horeba ku salaysnayd lahjadda Maxaatiriga oo ay ka soo jeedeen dadkii wax qorayay. Warbaahinta, gaar ahaan idaacadaha, sida: Raadiyo Hargeysa, Raadiyo Muqdisho iyo BBC waxay ilaa kontomeeyadii adeegsan jireen lahjadda Maxaatiriga, oo ka soo jeedda Mudug iyo wixii ka shisheeya. Ereybixinno ayay mar walba samaynaayeen, gabayadoodana waa laga soo deyn jiray raadiyayaashaas.

Sidaas darteed, gabayadii iyo ereybixinnadii ay baahinayeen raadiyayaashaasi waxay saamayn ku yeesheeen dadka. Intaa waxaa dheer, markii farta la qoray ayaa loo baahday in la daabaco: buugaag af Soomaali ah, wargaysyo, qaamuusyo, iwm. Haddaba, dadkii howlahaas qabanayay oo dhami waxay noqdeen xoolaley, kuwaasoo qoray lahjaddoodii iyo suugaantoodii. Taasi waxay noqotay mid la oggolaaday, dadka oo dhamina ku daydeen. Oggolaanshahaas waxaa daliil u ah in marba marka dambaysa ay reer waqooyigu aad u saamaynayeen reer koofurka. Tusaale ahaan, reer koofurku waxaa u kala soocnaa ereyada: "baabuur" iyo "gaari". Ereyga hore waxay u adeegsan jireen baabuurta caadiga ah ee matoorka leh, kan dambena midka dameerku jiido iyo kan gacanta lagu riixo (gaaridameer iyo gaarigacan). Laakiin markii ay walaalaheen reer woqooyi noo yimaadeen oo la is dhexgalay is beddel ayaa ku dhacay taas, waxaana hirgalay magaca "gaari", kaasoo meesha ka saaray magaca baabuur. Waxaa kaloo la arki karaa in xataa lagu daydo marka la hadlayo. Tusaale, waxaa lagu leeyahay: "innagu waxaan maanta idiin ka hadlaynaa." Taasi waa kudayasho, weliba si khaldan u dhacaysa, maxaayeelay "innagu" marka aad leedahay waxaa ku jira qofka hadlaya iyo kan uu la hadlayo labadaba. Ereyga "annaga" waxaa la adeegsadaa marka lala hadluhu uusan ka mid ahayn cidda wax sheegaysa. Waxaa kaloo kudayasho khaldan ah, qof hadlaya ayaa sidan dhahaya: "waxaa ina soo gaartay oo aan idiin sheegaynaa......", waxaa sax ah: "waxaa na soo gaartay......".

Waxyabahaas ayaa ku tusinaya inay dhacday kudayasho la mid ah tii aan soo sheegnay ee Talyaaniga ka dhacday. Haddaba, qalinka ha ahaato ama inay naga war badanyihiin ha ahaatee, reer woqooyigu waxay yeesheen saamayn, taasoo keentay in lahjaddoodu noqoto midda guud ee la wada adeegsado. Maahmaah reer xamar ayaa ahayd "nin kaa war badan gambar adoogaa aas kaa dhaxlaa."

Halbeegga loo adeegsaday farta la qoray wuxuu ka koobnaa 17 shardi oo ay ka midyihiin: in la fududeeyo, in la dhaqaaleeyo, in la fahmi karo, iyo kuwa kale. Haddaba, shuruudahaas, gaar ahaan midda fududaynta ayaa lagu sababeeyay xarfo badan oo laga tegay, kuwaasoo loo arkay in laga maarmi karo. Haddii lagu dari lahaa waxay noqon lahayd inay isaga jiraan farta ayagoo aan la adeegsanayn, illeyn waa laga maarmi karaa e. Guud ahaan, lahjadda noqotay midda guud ayaa alif ba'deeda la qaataa marka la doonayo in af la qoro.

5.4.3. FARTA MAAYGA

Sannadkii 1991 -1992, shirweynihii la dhihi jiray *"Somali Studies"* oo Maraykanka lagu qabtay ayaa markii iigu horraysay laga soo jeediyay fartan.

Runtii, way dadaaleen raggii soo allifay fartaas, haseyeeshee waxaa ku jiray toddoba xaraf oo adeegsigoodu adkaa. Waxaan kula taliyay inay ka saaraan xarfahaas badankooda, si adeegsiga fartu u noqdo mid fudud.

Marka farta la dersaayo, waxaa muhiim ah in laba shay la kala saaro: Cilmiga Codaynta iyo waxaa loo yaqaanno "Alifba". Alifba'da waxaa laga soo saaraa codaynta, oo ah cilmi-afeedka baara dhammaan codadka uu af leeyahay, kuwaasoo aan dhammaantood wada geli karin Alifb'da. Wayna adagtahay, guud ahaan, in la arko af qoran oo xuruuftiisa oo dhammi ku wada jiraan alifba'da; qaar ka mid ah xarafaha ayaa laga tagaa, sidaasna waxaa loo yeelaa in farta la fududeeyo darteed, maxaayeelay dadka loo samaynayo farta ee la doonayo inay ka faa'iidaystaan waxaa ku jira kuwo aqoontoodu hoosayso, sida: xamaaliga iyo islaanta shaaha iibisa; iyo kuwo aqoon leh, sida: jaamiciga, ganacsadaha, iwm; dadkaas oo dhan ayaa la doonayaa inay ku wada xiriiraan oo ay wax ku qori karaan.

Cilmicodeedku waa cilmi adag oo aan dadku wada fahmayn, marka laga reebo qof garanaya ama ay aqoontiisu sarrayso. Codadka aan sheegnay ee toddobada xaraf leh, afar ama shan ka mid ah lahjadda Maaygu waxay la wadaagtaa Maxaatiriga. Xarfahaas waxaa ka mid ah: D, N, P, G. Tusaale:

1. Xarafka "d" ee khafiifka ah ee u dhawaaqa sida "*the*"-da Ingiriiska oo kale, waa laga tegay markii la qorayay far Soomaaliga. Xarafkani wuxuu sidaas u dhawaaqaa (th) marka uu laba shaqal u dhexeeyo, sida marka aad leedahay "waa la dadaalay"; ereygan, d-da hore iyo midda dhexe isku dhawaaq ma aha.

2. Sidoo kale, xarfka "n" (ng) ee khafiifka ah wuu ku jiraa codadka Maxaatiriga ee laga tegay; tusaale: fanka (fangka).

3. "G"-da khafiifka ah ee ku jirta ereyga "gogol", g-da labaad codkeedu waa (gh).

4. Codadka xarafka "p" waa la mid, sida "dab" oo loogu dhawaaqo (dap).

Codadkaani waxay ku jiraan Maayga iyo Maxaatiriga labadaba. Maxaatiriga markii la qorayay codadkaasi waa laga tegay dhawaaqooda daciifka ah dartiis; balse Maaygu waa ku dareen xarfahaas (th, ng, gh, p);

waxaase adag in qofka aan waxba qorin ama aan aqoon badan lahayni uu kala saari karo xarfahaas.

Cododkaas waxaa daciif ka dhigay laba shay:

1) Xarfahaasi marna ma galaan billowga ereyga, tusaale: "*thambi baad gashay*" lama dhahayo ee waa "dambi baad gashay". "*Athiga*" iyo "adiga" waa laba dhawaaq oo kala duwan, balse macnihii isma beddelayo. Ereyga dab oo kale, haddii aad dhahdo "dab" ama "dap" macnihii isma beddelin, haddiise aan b'da beddelo oo aan xaraf kale geliyo, ka soo qaad "l" wuxuu noqoanaya "dal" oo macnihii waa isbeddelay. Taasi waxay ina tusaysaa in l-du tahay xaraf gaar ah oo wax beddeli kara, laakiin p aysan waxba beddeli karin. Sidoo kale, "adiga" haddii aan d-da ku beddelno "t" oo aan dhahno "atiga" ama "asiga" macnihii waa isbedelayaa oo wax kale ayuu noqonayaa ereyga. Xarfaha laga tegay waxaa kaloo ka mid ah "dh"-da ku jirta hadalka reer woqooyiga, sida: xidhiidh, badh, maydh, iwm; iyaduna kuwaas ayay la mid tahay oo marna ma gasho billowga ereyga. "dh"-du markay ereyga ku billaabanayso waa: dhiil, dhalo, dhuun, iwm oo waqooyi iyo koofurba la isku raacsanyahay.

Marka la soo koobo, xarfaha codadkooda u gaaryihiin Maayga waa: "gn" (gnaagnuur) iyo "jh" (jhibiso). Labadaa cod oo kali ah ayaa u baahnaa in laba xaraf loo sameeyo markii la samaynayay Farta Maayga. Haddii ay billowgiiba sidaas ka dhigi lahaayeen, adeegsiga fartu waa fududaan lahaa, waana hirgeli lahayd alifba'da Maaygu, oo xataa dadka Maxaatiriga ku hadla ayaa fahmi lahaa, kana faa'iidaysan kari lahaa wixii laga qoray Maayga.

Xarfahaas aan soo sheegnay ee laga tegay, oo sababtana aan sharaxnay, kama dhigna in Maayga la hagraday markii la qorayay farta, maxaayeelay waxaa keenay xeerarka jira ee afafka, waana mid ummadaha caalamku nala wadaagaan.

Midda kale, dadka ku hadla Maxaatiriga waa xooladhaqato aad u war badan. Waxay u tafaxayteen in lahjaddooda la qoro. Lixdankii, 18 nuuc oo faro ah, oo la soo bandhigay markii tartanka la gelaayay, hal far, oo nin la dhihi jiray "Mustafe" uu keenay ayaa ka ahayd Maay; inta kale Maxaatiri ayay ahaayeen. Taasi ma ahayn wax iska dhacay, maxaayeelay dadka Maxaatirigu waxay dadaalka soo wadeen illaa 1920, laakiin Maayga dadaalkaas oo kale dadkiisu ma gelin, mana hayno qof isku dayay alifka Maay qoraalkiisa, ha ahaadeen wakhtigaa fog iyo wakhtiyada danbeba, marka laga reebo Sheekh Aweys oo isku dayay inuu af Carabi ku qoro, iyo Aadan Maxamed Isaaq oo 1987 lahjadda Maayga ku qoray "Tusow iyo Tilmaad", asagoo adeegsanaya farta Maxaatiriga.

Mar walba waxaa la eedeeyaa suugaanta badan ee geellaydu tiriyeen. Waa sidaas, maxaayeelay ninka geellayda ahi suugaantiisa ayuu tirinayaa, sababtoo ah ayada ayuu garanayaa; lagamana sugayn inuu suugaanta Maayga ururiyo, maxaayeelay maba yaqaanno. Haddaba, dadka Maaygu waa inay iyagu suugaantooda ururiyaan oo qoraan. Haddii farta la fududayn lahaa waxyaaba badan, sida: suugaan, maahmaahyo, dhaqan iyo xikmada badan oo Maayga u gaar ah ayay suurtagal noqon lahayd in la qoro, waana la akhrisan lahaa. Muddo badan ayaan ku dhiirrigelinaayay inay wax ka qoraan dhaqankooda, suugaantooda, iwm, si qoralladaasi uga mid noqdaan Kaydka Soomaaliyeed. Waxaanse rajaynaynaa inay hadda billaabeen oo ay socoto, mar dhowna la arki doono.

Si kastaba ha ahaatee, waxaan ka warhayaa inay hadda dibu-eegis ku hayaan khubaradu oo labadaas cod xoogga la saarayo. Haddii sidaas la sameeyo waxaan aaminsanahay inay hirgelayso, ayna dabooli doonto baahida qoriseed ee lahjadda Maayga.

5.4.4. LAHJADAHA KALE

Marka hore, lahjadaha af Soomaaligu waxay ka koobanyihiin 8. Maxaatiriga waxaan u kala saari karnaa laba:

1) Maxaatiri woqooyi, oo wixii Hiraan ka shisheeya ah (Hiraan qaarkeed, Galmudug, Puntland, Somaliland); iyo
2) Maxaatiri koofureed oo ka kooban Soomaalida kale oo ay ku jiraan Hiiraan wixii ka hooseeya ilaa Shabeellada Hoose. Haddaba, lahjaddda Maxaatiriga waqooyi ayaa noqotay tii qoraalka.
3) Maayga oo ah lahjadda labaad ee ugu dadka badan.

Waxaa jira afar lahjadood oo ay ku hadlaan qabaa'illo gaar ah, waxayna kala yihiin:

4) Lahjadda Garraha
5) Lahjadda Jiiddada
6) Lahjadda Tunnida
7) Lahjadda Dabarraha

Mid kasta oo ka mid ah lahjadahaasi waxay ku suntantahay magaca qabiilkeeda, sababtuna waxay tahay mid kasta waxaa ku hadla qabilka ku magacaaban oo kali ah, halka ay lahjadaha kale ku hadlaan qabiillo kala duwani. Lahjadahani, dhexdooda ayaan xatta isfahmayn, taasina waxay keeni kartaa su'aasha ah in kuwani afaf yihiin. Si taas looga jawaabo, waxaa loo noqonayaa xeerkii aan soo sheegnay. Afartaa lahjadood waxay celcelis ahaan hoos u aadayaan ilaa 51%, halka Maaygu uu la wadaago Maxaatiriga qiyaastii ilaa 80%.

In lahjadaha digilku ay ka yar adagyihiin kuwa kale waxaa muujinaya tusaalooyinkan: Nin Maxaatiri ah baa wuxuu beri u tegay Jiiddo meel joogta. Markuu maqlaba: "Nabiyow ma dhiiftuu"? oo loola jeedo: "ma nabad baa"?, isna uu moodayay in lagu sallinayo Nabiga (NNKH); markaasuu lahaa: "*Sallalaahu calayhi wasallam*". Garrahana waxyaabahaas oo kale ayaa jira. Dabarraha oo kale, ereyga "igees" waa ereyga "dil" oo Maxaatiriga iyo Maayba wadaagaan. Ereygaas asalkiisu ma aha Kushitig ee meela kale ayuu nooga yimid, laakiin "igees" ayuu ahaa asalka. Waxaad raadkiisa ku arkaysaa ereyga "geesi" marka la leeyahay, "dilaa" ayuu noqon karaa. "Lo' gesi" marka la leeyahay lo'da wax disha in loola jeedo baa dhici karta. Xataa ereyga "ugaas" waxaa loo malaynayaa inuu u taaganyahay "geesi", maxaayeelay waagii hore waxaa madax laga dhigi jiray ninka dagaalyahanka ah. Afafka Kushutiga marka la eego, ereyga "igees" waa dil. Ereyo sooyaal ah oo kuwaas la mid ah ayay lumiyeen lahjadaha kale, halka afafka Kushitiga ee kale ay kaydiyeen; haseyeeshee daraasad ballaaran ayay u baahanyihiin.

8) Lahjadda siddeedaad waa midda Asharaafta, ama "Maadhati", taasoo looga hadlo Magaalada Marka, degmada Shangaanni iyo meela kale; ayaduna waxay leedahay waxyaabo u gaar ah. Tusaale

ahaan, "ishoonki shoon" waxay la macna tahay

"labadeenna kaliya aan isla ogaanno". Biyaha waxay dhahaan "bisha", qaabkii oo dhan ayaa isbeddelay oo wuxuu noqonayaa erey aan la garanayn. Sheekooyinka la tebiyo waxaa ka mid ah in nin Xamar ka tegay uu xaafadaha Magaalada Marka biyo u dhaaminayay, asagoo adeegsanaya dameer ay tanagyo u saaranyihiin, dumarka ayaa daaqadaha ka waydiinayay oo oranayay: "bishu meeqa"? oo la macno ah "biyaha lacagtoodu waa meeqa"; laakiin isagu sidaa uma fahmayn ee wuxuu u qaatay bisha caadiga ah. Markaas ayuu ku jawaabayay: "jimco ka jimco sideed, sabti sagaal, maanta toban waaye." Markii dambe, intuu xanaaqay ayuu yiri: "war dadkani biyaba ma doonayaane bisha inay ogaadaan uun bay doonayaan, iga wad".

Lahjadda Asharaaftu ereyada qaarkood sidooda ayay u kaydisay. Tusaale ahaan, "bisha" waxay dhahaan "bilta", qaabkan ayaana asalka ah, yacni ul marka lagu lifaaqo qodobka "ta", "ulta" ayay noqonaysaa; haddii, lahjadda Maxaatirida, L iyo T ay israacaan "sh" ayay isu rogayaan; laakiin reer Muqdisho sidii ereygu asalkiisii ahaa ayay ugu dhawaaqaan, taasina waa waxa keenaya kala duwanaanta. Lahjaddaas Asharaafta, oo ah mid aan aad loo fahmin, waxay u dhaxaysaa Maayga iyo Digilka. Ereyada qaar waa la fahmi karaa oo Digilka ayay dhaamaan, waxaana saameeyay lahjadaha kale, siiba Maayga, Digilka iyo Maxaatiriga.

| 5.4.5. | HIRGELINTA LAHJAD GUUD |

Afka wuxuu muhiim u yahay kaliya ma aha suugaanta iyo cilmi-afeedka; balse waxaa kaloo uu muhiim u yahay arrimaha siyaasadda, dareenka waddaniyadeed iyo horumarinta bulshada. Ayadoo cid kasta lahjaddeeda ku hadlayso ayaa la isku raaci karaa hal lahjad oo noqonaysa midda rasmiga ah ee la qorayo. Taasi waa wax caadi ah oo ummadaha adduunka oo dhami ku dhaqmaan. Haddii aan doonayno inaan hal dal noqonno waxaa khasab ah inaan hal lahjad u aqoonsanno midda rasmiga, sida aan ugu khasbannahay inaan yeelanno hal madaxweyne iyo hal calan. Wax yar oo kala duwanaan ah waa ka jiri karaan lahjadda guud, sida: "wuu tegayaa" iyo "wuu tegahayaa", taasise ma aha mid samaynaysa farqi macna leh.

Dhinaca kale, waxaa furan in cid waliba lahjaddeeda qorto, ururisana suugaanta iyo xikmadaha u gaarka ah. Taasi tafaraaruq ma keenayso ee waxay kabaysaa lahjadda la qaatay ee guud, kana dhigaysaa mid ballaaran oo xoog badan, oo weliba la iska wada arki karo. Tusaale ahaan, haddii maahmaahyo Maay ah ama Jiiddo ah aan keeno oo aan fasiraayo waxay kaamilaysaa dhaqankii Soomaaliyeed ama ereyo laga soo qaatay. Tusaale ahaan, ereyga "aysin" kuma jiro lahjadda la qoray, lahjadda koofurta "aysin" waa wiilka ay dhashay walaashaa. Waa la qaatay. Maaygu wuxuu leeyahay 'bed' oo u dhigma "masaaxo" waxayba yiraahdaan: ruunkay bedshee kabah; waa la qaatay oo waa *"area"*, "walax" oo u dhiganta *"substance"* waxaa laga qaatay Banaadiriga, oo waxay ka mid noqotay ereybixinta sayiniska. Haddaba, lahjadahan kala duwan waxay xoojinayaan lahjadda la qaatay ee guud. Waxaanse u baahannahay inaan iska ilaalinno caadifad lahjadeed oo salka ku haysa caadifad qabyaaladeed, si aan u horumarinno afka guud iyo lahjadahaba.

5.5. ASALKA AFKA

Guud ahaan, cilmigu waa furaha nolosha, waxaana saldhig u ah cilmibaaris iyo ila kale oo aqooneed, kuwaasoo aan ku xallinno dhibaatooyinka bulshada.

Marka laga hadlayo cilmiga afafka, waxaa su'aalo badan la iska waydiin karaa sida uu afku ama luqaddu ku abuuranto, waxa uu yahay iyo halka uu asal ahaan ka soo billowday. Tusaale ahaan, waxaa la is weydiin karaa in afku yahay wax Alle xaggiisa ka soo degay oo ilhaam ah, iyo inuu yahay hal-abuur bani'aadamku la yimid oo dhexdiisa ka samaysmay.

Afku wuxuu ka mid yahay mucjisaadka Alle Subxaanahu Watacaalaa adduunyada keenay iyo nimcooyinka uu ku mannaystay bani'aadamka, sida Qur'aanka Kariimka ahi xusayo:

وَمِنْ ءَايَٰتِهِۦٓ أَنْ خَلَقَ لَكُم مِّنْ أَنفُسِكُمْ أَزْوَٰجًا لِّتَسْكُنُوٓا۟ إِلَيْهَا وَجَعَلَ بَيْنَكُم مَّوَدَّةً وَرَحْمَةً ۚ إِنَّ فِى ذَٰلِكَ لَءَايَٰتٍ لِّقَوْمٍ يَتَفَكَّرُونَ ﴿٢١﴾

(Aayaadka Alle waxaa ka mid ah abuurista dhulka iyo cirarka, iyo

kala duwanaanta luqadihiinna iyo midabyadiinna; taasi ayaa aayad ugu filan dadka cilmiga leh); haddaba, kala duwanaanta afakku waa aayad ka mid ah Aayadaha Allah *subxaanahu watacaalaa* ee lagu garanayo jiritaankiisa iyo awooddiisa.

Culimadii hore ee Islaamku si qotadheer ayay uga hadleen doodda falsafadeed ee ku saabsan arrinta la xiriirta afka iyo sida uu ku abuurmo. Qaar ka mid ah culimadaasi waxay qabeen in afku yahay ilhaan xagga Allaha Weyn ka timaada, ayagoo daliishanaya Aayado Qur'aanka Kariimka ah ku jira, sida aayadda ku jirta suuratu-albaqara:

$$\text{وَعَلَّمَ ءَادَمَ ٱلْأَسْمَاءَ كُلَّهَا ثُمَّ عَرَضَهُمْ عَلَى ٱلْمَلَٰٓئِكَةِ فَقَالَ أَنۢبِـُٔونِى بِأَسْمَآءِ هَٰٓؤُلَآءِ إِن كُنتُمْ صَٰدِقِينَ ﴿٣١﴾}$$

(*Allah subxaanahu watacaalaa* wuxuu baray Aadam magacyada dhammaantood, ka dib wuxuu u bandhigay Malaa'igta oo ku yiri: "bal ii sheega magacyadan haddaad run sheegaysaan?"). Sidaa darteed, waxay ku doodayaan in magacyadaas looga jeedo luqadda; halkaas ayay salka u dhigayaan asalka luqadda. Haseyeeshee, taas su'aal kale ayaa ka timid, oo waxaa la is weydiiyay: haddii ay sidaas tahay, luqadda la baray Aadam middee ayay ahayd, illeyn luqadaha maanta jira way fara badanyihiin oo kumannaan ayay gaarayaane?

Qayb kale oo culimada ka mid ahi waxay qabaan fikrad taa ka geddisan, waxayna ku doodayaan inaan luqaddu ilhaam ahayn, balse ay tahay wax bulshadu ku heshiisay oo ay ayadu samaysatay. Waxay tusaale u soo qaadanayaan magacyada alaabta, sida: qalin, buug, baabuur iwm inay yihiin magacyo dadku bixiyaan oo bulsho kasta ay magac gaar ah u taqaan.

Culimadii islaamka ee hore ee dooddaas ka qaybgashay waxaa ka mid ahaa *Ibnul-jinni* oo kitaabkiisa *"Al-khasaais"* kaga hadlay. Sidoo kale waxaa ka mid ahaa *Al-imaam Suyuudi* oo isaguna kutubtiisa uu ka mid ka yahay *"Almus-hir fii culuum Alluqah"* iyo *"Fiqhu Luqah"* kaga faallooday. Waxaa kaloo ka mid ahaa Caalimka la yiraahdo *Ibnu-Faaris* oo kaga hadlay kitaabkiisa *"Al-saaxibi fii Fiqhu-lluqah"*. Waxaa kaloo dooddaas sii waday culimada casriga ah, oo isugu jira Carab iyo caalamka kaleba, kuwaasoo ay ka mid yihiin: *Ibrahim Aniiis*, *Noam Chomsky* iyo rag kale.

Asalka afka wuxuu ka koobanyahay laba dhinac oo gundhiggoodu yahay in ilaahay bani'aadamka siiyay awoodda hadalka, kuna ilhaamiyay; balse taranka afku uu yahay cilmi kale oo Rabbi bulshada siiyay awoodda ah inuu dhexdooda ka yimaado.

Arrin kale oo la yaab lihi waxay noqotay sida afku u farcamaan ama u kobcaan. Haddii loo fiirsado, waxaa suurtagal ah in la arko magaalo kaliya oo lagaga hadlayo afaf aad u badan oo kala duwan, ha ku salaysnaadeen qowmiyado ama qabaa'il e. Waxaa kaloo dhugmo u baahan sida qofku uu ku barto hadalka, maxaayeelay waa mid iska cad inaan qofna dhalan isagoo hadlaya oo afka garanaya. Marka hore, wuxuu kaga daydaa oo ku ababiya waalidka, balse marka uu laba sano gaaro waxaa dhacaysa in ilmihii hadal aad u fara badan oo ka kooban qaybaha luqadda oo dhan, sida: *sarfi-ga*, naxwaha, balaaqada iwm, uu ku hadli karo, asagoo aan meelna ka soo akhrisan. Haddaba, taas ayaa muujinaysa inay jirto awood aan caadi ahayn oo uu qofku ka helayo xagga Alle *Subxaanahu Watacaalaa*, taasoo u fududaysa hadalka iyo barashadiisa.

Ayadoo, haddaba, bani'aadamka oo dhami isaga midyahay xubnaha hadalka, sida: carrabka, daamanka, ilkaha, dhuunta, sambabada, sanka (oo ay xarfaha qaar ka soo baxaan), iyo bushimaha, ayay haddana dadyowgu ku hadlaan afaf kala duwan. Taasi waxay sharraxaad cad u tahay aayadda Weyn ee Qur'aanka Kariimka ee Alle *Subxaanahu Watacaalaa* ku sheegay in kala duwanaanshaha bani'aadamka ee midabbada iyo afafka ay ku hadlaani ay ka midtahay mucjisooyinka lagu garanayo Allaha Weyn iyo jiritaankiisa.

Sidoo kale, waxyaabaha muujinaya mucjisooyinka Alle *Subxaanahu Watacaalaa*, oo dhowaan la ogaaday waxaa ka mid ah in dadku ku kala duwanyihiin codadka, ayadoo uusan jirin qof codkiisu u egyahay codka mid kale. Taas waxaa la mid ah faraha oo cilmi ahaan horeba loo ogaa, loona isticmaali jiray aqoonsiga qofka.

5.5.1. SOO SAARIDDA HADALKA

Sidii aan hore u soo sheegnay, marka uu doonayo inuu hadlo, qofku wuxuu adeegsadaa xubno jirkiisa ka mid ah. Balse soo saaridda hadalka waxay martaa labada heer ee kala ah: *deep structure* iyo *surface structure*. Qaybta hore waa maskaxda, oo waxay tahay inuu qofku fakaro inta uusan hadlin - waa haddii uu miyir qabo - (waayo qofka waalani waa uu iska hadlaa). Marka uu qofka caadiga ahi hadlayo wuu fikiraa, jumlad hadal ah ayuu maskaxda ku diyaariyaa, dabadeedna wuu soo gudbiyaa. Qaybta dambe (*surface stracture*) waa heerka soo saaridda hadalka. Waxa aan u naqaanno "halmaanka" ayaa ka mid ah farqiga u dhexeeya labada heer ee aan soo sheegnay. Tusaale ahaan, haddii uu qof yiraahdo "biyaha i sii," asagoo doonayay "buugga i sii," waxay ka dhigantahay inay is khilaafeen labadii heer ee hadalku, oo waaba tan ay Soomaalidu tiraahdo "halmaan hadal kuma jiro". Waxyabahaas oo dhami waxay la xiriiraan cilmiga afafka.

Cilmiga ku saabsan sida qofku u soo saaro hadalka waa cilmi aad u ballaaran, waxaana jira dhakhaatiir ku takhasustay qaybaha hadalka iyo xubnaha soo saara, kuwaasoo daaweeya qofka hadalka dhibaato ku qaba. Hadalku wuxuu raacaa hirar marka uu qofka ka soo baxo, taasina waxay fududaysaa inuu u gudbo qofka kale; tusaale: telefoonka lagu hadlo oo laba qof oo dunida dacalladeeda kala joogta ay ku wadahadlaan. Tan kale, marka uu dhegta ku dhaco, hadalku wuxuu maraa *"surface structure"*-ka, ka dibna wuxuu u gudbaa *deep structure*-ka, dabadeedna maskaxda ayaa sheegaysa waxa hadalku ahaa.

Marka ay dhacdo inaan laba qof oo wadahadashay is fahmin, waxaa is khilaafaya wixii midkood ku hadlay iyo waxa midka kale maqlay.

Sida uu qabo cilmi-afeedku, hadalku gooni uma aha bani'aadamka, oo waxaa jira makhluuqaad kale oo luqad adeegsada. Makhluuqaadkaas waxaa ka mid ah jinka, malaa'igta iyo xayawaanka. Marka lagu daro dadka, dhammaan makhluuqaadku way hadlaan. Allah SWT wuxuu yiri: (ma jiro dunidan وان من شيء اِلّا يسبّح بحمده ولكن لا تفقهون تسبيحهم shay, ilaa haddii uu jiro Ilaahay ayuu u tasbiixsadaa, laakiin ma fahmaysaan tasbiixdooda). Makhluuqaadkaasi waxay ku kala duwanyihiin luqadda; mar kale, waxaan caddayn u soo qaadan karnaa Qur'aanka Kariimka ah oo lagu sheegay qisooyin muujinaya in xawayaanku hadlo. Tusaalayaashaas waxaa ka mid ah qisadii Nebi Suleymaan (Nabadgelyo korkiisa aha ahaato), oo Ilaahay *subxaanahu watacaalaa* awood u siiyay inuu la hadlo shimbiraha; taasi waxay muujinaysaa in shimburuhu leeyihiin af ay ku hadlaan. Sidoo kale, Qur'aanka Kariimka ah waxaa lagu sheegay in quraanjadu hadasho, hadalkeedana bani'aadamku fahmi karo.

Nebi Suleymaan ayaa Qur'aanka Kariimka ahi caddeeyay inuu fahmay hadalka quraanjada.

وَحُشِرَ لِسُلَيْمَٰنَ جُنُودُهُۥ مِنَ ٱلْجِنِّ وَٱلْإِنسِ وَٱلطَّيْرِ فَهُمْ يُوزَعُونَ ۝

حَتَّىٰٓ إِذَآ أَتَوْا۟ عَلَىٰ وَادِ ٱلنَّمْلِ قَالَتْ نَمْلَةٌ يَٰٓأَيُّهَا ٱلنَّمْلُ ٱدْخُلُوا۟ مَسَٰكِنَكُمْ لَا يَحْطِمَنَّكُمْ سُلَيْمَٰنُ وَجُنُودُهُۥ وَهُمْ لَا يَشْعُرُونَ ۝

فَتَبَسَّمَ ضَاحِكًا مِّن قَوْلِهَا وَقَالَ رَبِّ أَوْزِعْنِىٓ أَنْ أَشْكُرَ نِعْمَتَكَ ٱلَّتِىٓ أَنْعَمْتَ عَلَىَّ وَعَلَىٰ وَٰلِدَىَّ وَأَنْ أَعْمَلَ صَٰلِحًا تَرْضَىٰهُ وَأَدْخِلْنِى بِرَحْمَتِكَ فِى عِبَادِكَ ٱلصَّٰلِحِينَ ۝

Marka si guud loo hadlo, waxaa suurtagal ah in afafka bani'aadamku adeegsado oo dhami ay wadaagaan xarfo ka mid ah shibbanayaasha iyo shaqallada qaarkood. Taas waxaa loogu yeeraa *"Universals"*, oo looga jeedo inay jiraan wax u dheexeeya afafka kala duwan ee dadku ku hadlaan, kuwaasoo noqon kara shibbanayaal ama shaqallo ku jira afafka caalamka oo dhan. Balse waxaa jira xarfo badan oo ay afafka bani'aadamku ku kala duwanyihiin. Taasi waxay muujinaysaa in Alle *Subxaanahu Watacaalaa* uu bani'aadamka u fududeeyay barashada afafka kala duwan. Dadka qaar ayaa u haysta inay jiraan afaf ay adagtahay barashadoodu, balse taasi sax ma aha. Inkastoo af kasta barashadiisu ay ku adagyahay qofka aan u dhalan, haddana ma jiro af aan la baran karin; waxase ay ku xirantahay dadaalka iyo danaynta qofka.

Waxaa kaloo dersid u baahan sida afku uga abuurmo bulshada dhexdeeda. Tusaale ahaan, waxaa jira hadallo ama ereyo ay isku fahmaan qayb xirfadeedyada kala duwan ee ay bulshadu ka koobantahay, sida: darawaliinta, ganacsada, farsamayaqaannada iwm, ayadoo qolo waliba leedahay ereyo la xiriira xirfaddooda oo ayaga u gaar ah. Cilmiga dersa arrimahaas waxaa loo yaqaannaa "Cilmiga Bulshada ee Afka". Magacyada dadka loo bixiyo ayaa ayagana ku yimaada sifooyin la xiriira dhacdooyin markaa muuqda. Tusaale ahaan, magaca "Rooble" waxaa loo bixin jiray qofka dhasha waqti roob da'ayo; sidoo kale, "Jimcaale" wuxuu dhashay maalin jimce ah, iwm.

Waxaa kaloo uu cilmiga afafku dersaa taariikhda afka iyo halka uu ka soo jeedo. Haddaba, cilmiga afafku waa mid ballaaran oo meelo badan taabta. Anigu (Dr. Ridwaan) waxaan daraasad ku sameeyay sida xarfaha Carabiga loogu isticmaali karo farta af Soomaaligu lagu qoro.

5.5.2. XIRIIRKA KA DHEXEEYA AF SOOMAALIGA IYO AF CARABIGA: ARAGTIDA DR. RIDWAAN XERSI MAXAMED

Guud ahaan, afafku waxay leeyihiin wax loo yaqaanno "abla-ableyn", taasoo lagu kala saaro afafka, ayadoo loo qaybinayo bahbah. Afafka isku bahda ah waxaa lagu garan karaa inay aad isugu egyihiin xagga dhawaaqa oo heerka koowaad ah, qaabka dhismaha ereyada oo heerka labaad ah iyo qaabka weeruhu u dhismaan, oo heerka saddexaad ah.

Af Carabigu waa af aad u kala farcama, oo hal erey ayay ka farcamayaan toban erey. Tusaale ahaan, ereyga "duruus" waxaa ka farcama: *darasa, yadrusu, yadrusuun, udrus, daaris, mudarris, madruus, madrasah*; sidaas ayuu u rogrogmaa ereyga Carabiga ahi, asagoo ka duulaya asalka.

Haddaba, af Soomaaligu, inkastoo lagu tiriyo bahda Kushitigga (afafka looga hadlo Geeska Afrika, sida: Oromoda, Canfarta, iwm), haddana wuxuu leeyahay xarfaha loo yaqaano "*Xuruuf*-ta *Xalqi*-ga", sida: Xa'da (x) kha'da (kh), Ca'da (c) iyo hamsada ('). Dhinacaas marka laga eego, af Soomaaligu wuxuu u ekaanayaa afafka ku jira bahda *Semitic*-ga (afafka Yuhuudda, Carabiga, Amxaariga, Tigreega, iwm). Sidaas darteed, qaar ka mid ah culimada cilmi-afeedka ayaa ku doodaya in asal ahaan af Soomaaligu ka midyahay bahda "*Semetic-ga*, xiriirna la leeyahay afafkii lagaga hadli jiray Jasiiradda Carabta.

Waxaa kaloo jirta dood xoog leh oo sheegaysa in af Soomaaligu bah la noqon karo afkii ay faraaciinnadu ku hadli jireen, marka laga hadlayo Kushitigga. Haddaba, bah kasta ha lagu tiriyo e, waxaa hubaal ah in af Soomaaligu xiriir la leeyahay Carabiga, oo saameyn weyn ku leh.

Saamayntaasi kuma koobna kala amaahashada ereyada oo afafka oo dhami ka simanyihiin, balse waxaa jira isdhexgal ballaaran oo ka imanaya dhinacyada xaddaaradda, ganacsiga iyo dhinacyo kale. Tusaale ahaan, dhinaca diinta marka laga eego, ereyada: masaajid, salaad, sadaqo, cibaado, duco, soon iwm, oo dhammaantood diinta la xiriira waa ereyo Carabi ah. Is dhexgalka ka yimid dhinaca ganacsiga waxaa tusaale u ah ereyadan: xisaab, khasnad, makhsin, badeeco, suuq, dayn, naqad, iwm; kuwani dhammaantood waa ereyo af Carabi ah.

Sidoo kale, saamaynta af Carabigu waxay ka imanaysay imaanshihii qaar ka mid ah dadyowgii Carabtu ay ku yimaadeen Soomaaliya, taasoo dhacday islaamka ka hor, kana dambaysay burburkii biyaxireenkii weynaa ee *Seddu-ma'rib* ee Yaman. Markaas oo ay *Yemeniyiin* soo hijrooday ay yimaadeen gayiga Soomaalida.

Carabta lafteeda waxaa loo qaybiyaa seddax qaybood oo kala ah: *Carabul-baa'idah* (Carabtii dabar go'day ee reer Caad iyo reer Samuud); *Carabul-caaribah* (carabtii asalka ahayd ee degi jirtay Jasiiradda Carabta, sida Yaman iyo dhulka la xiriira); *Alcarabul-mustacrabah* (kuwii carabta noqday af Carabiga dartiis). Xataa waxaa la tilmaamaa in Nebi Ismaaciil, markii Nebi Ibraahim (nabadgelyo korkooda ha noqotee) Kacbada kaga tegay, uu Carabiga ka bartay qabiilo *"Jurham"* la oran jiray oo meesha dagneyd. Markii dambe, Carabiga asalka ah ayaa noqday afkii Qurayheed, oo ah luqadda Qur'aanka Kariimka ahi ku soo degay.

Waxyaabaha muujinaya in af Soomaaliga ay isku bah noqon karaan Carabiga waxaa ka mid ah xarfaha shibbanaha iyo shaqalka oo ay inta badan isku mid ka yihiin labada af, marka laga reebo dhowr xaraf, sida xarafaha "dh" iyo "g" oo af Soomaaligu leeyahay, balse aan af Carabiga asalka ah laga helin, inkastoo Carabiga lahjadeed, gaar ahaan Masaarida uu ku jiro xarafka "g". Dhinaca shaqallada, labada af waxay isaga midyihiin shaqallada gaaban (a, i, u) iyo kuwa dheer (aa, ii, uu) oo labada afba ay leeyihiin, iyo sidoo kale, shaqalka "ee, oo" ee af Carabiga oo ah codka loo yaqaan *"imaala"*. Dhinaca kala duwanaanshaha, af Carabiga waxaa ku jira xarfo shibbanayaal ah oo aan af Soomaaliga ku jirin, sida: ث ، ز ، ظ ، ض. Sidoo kale, haddii isbeddel ku dhaco xaraf kali ah ama xarako, af Carabiga waxaa laga yaabaa in micnihii oo dhami isbeddello.

Waxaa kaloo muujinaya in af Soomaaligu la ollog yahay af Carabiga in miyiga, oo ay adkayd in saamaynta luqadda Carabigu gaarto, ay jiraan ereyo reer miyigu adeegsadaan oo af Carabi ah. Ereyadaas waxaa ka mid ah ereyga "arlo" oo micnihiisu af Carabi ku noqonayo "ardo" (ارض), waraf waa wadaf Carabi ahaan (ودف), dheemaal (ديمال) iwm. Qaabdhismeedka afka Carabiga waxaa ka mid ah in xaraf lagu beddelo xaraf kale; tusaale ahaan (قال) asalkeedu wuxuu ahaa (قول), waxana af Carabiga loo yaqannaa "*ibdaal*" (ابدال), taasina waa mid af Soomaaligana ku badan, sida ereyadii aan kor ku soo sheegnay ee "arlo, waraf iyo dheemaal". Sidoo kale, haddii aad u fiirsato af Soomaaliga waxaad arkaysaa in ereyada asalkoodu Carabiga ahaa ee uu u dambeeyo xarafka "m" ay isu beddeleen "n" markii ay Soomaaliyoobeen. Tusaale: qalam = qalin, macalim = macallin, Aadam = Aadan. Sidoo kale, ereyga xarafka "daad"-ka ee ku jiro af Carabiga wuxuu af Soomaaliga isu bedelaa "l", sida kuwan soo socda: Raadi (راض) = Raalli, Ardo (أرض) = arlo, qaadi (قاض) = qaalli, dur (ضر) = lur, iwm.

Suugaanta oo ka mid ah meelaha laga dheehdo ereyada asalka ah ayaa ka mid ah waxyaabaha muujinaya xiriirka labada af. Bal u fiirso tixdan gabayga ah ee uu tirayay abwaankii caanka ahaa ee Salaan Carrabeey:

Qaylada xuduurkii ninkay xaraqday laabtaydu.

Qayladu waa af Carabi oo waxay ka timid "qaala" (قال), xuduurkuna waa af Carabi oo waxay ka timid (حضر), xaraquna waa af Carabi (حرق); waxaa kaloo ku jira tixdan:

Dumarkuba xublaha foosha way xanaf wareeraane
balse inay xasuus daranyihiin xaylka moogee.

Xublaha waa af Carabi (حبلى) xaylkuna waa af Carabi (حول)

Waxba yaanu xeerkay i marin xoolana isiine
Xaashee nin libin kaa xistiyay xumihii waa yaab.

Xaashee waa af Carabi (حاشى); Libin waa af Carabi oo laban waa caanaha ama geela caana leh, waana la fahmi karaa in libintu halkaa ka timid. Xisti-na waa af Carabi oo xasad (حست) waa xasad (حسد), waa daalkii "د" oo loo beddelay "ta" "ت".

Waxaa kaloo ku jiray gabaygii Maxamed Nuur Fadal:
Haddii aan lingaxo oo qalbiga lahashada u diido
Oo aanan luunkaba ka rogin lur ima gaadheene
Kal laxiiba baan leeyahay iyo laabta xuunshada e
Waa waxa rag igu laacayaa laxam dhaqaaqaaye.

"Lahashada" waa af Carabi (لهى), micne ahaanna waa markuu qofku lahwı ıyo macnala'aan qalbigiisa galiyo, " lur" waa af Carabi oo waa "dur" "ضر", kal waa af Carabi (كل) oo waa kasha ama kilinkilada, waana tii imru alqays lahaa: فقلت له لمّا تمطى بصلبه * وأردف أعجازا وناء بكلكل, " laxiiba" waa af Carabi oo waa "لحيب", waana kal ballaaran ama waasic ah, "laaca" waa af Carabı "لاع" macnaheedu waa jacaylka, oo markaa wuxuu u jeedaa "waa waxa rag igu jecelyahay". "Laxam" waa af Carabi oo waa "لحم".

Suugaanta af Soomaaliga aad ayay ugu badanyihiin kalmadaha af Carbeedka iyo af Soomaaligu wadaagaan, taasina waxay daliil u noqon kartaa in labada af ay isku bah yihiin.

Xiriirka af Carabiga iyo af Soomaaliga waxaa kaloo laga dheehan karaa kala saaridda labka iyo dhaddigga. Af Carabiga, marka la kala saarayo lab iyo dhaddig waxaa la adeegsadaa xarafka "t"; sidoo kale, af Soomaaliga waxaa lagu kala saaraa isla xarafkaas "t"[79], oo gadaal laga raaciyo. Tusaale: naagta, kabta, cagta, beerta, lugta; inkastoo mararka qaar ay af Carabiga iyo af Soomaaliguba si kale u dhigaan siiqada dhaddigga. Waxaa intaa lagu daraa in af Soomaaliga iyo af Carabigu ay, sidoo kale, isaga egyihiin xarfaha uu ficilka "joogtada ah" ku billaabanayo (صيغة المضارع) marka Carabiga laga hadlayo. Tusaale ahaan, Carabigu wuxuu ku billaabaa ficilka nuucaas ah xarfaha:

---

79. Waxay ka mid tahay xarfaha naxwe ahaan loo yaqaan "qodob", sida ka, ta, da, (qalab**ka**, guri**ga**, naag**ta**), iwm

"nuun, hamsa, y iyo t"; af Soomaaliguna waa sidaas oo kale marka la eego falalka qaarkood; bal u fiirso jaantuska weeraha ee soo socda:

Ficillada joogtada (Mudaarac)

Carabi	Soomaali
- *Yacrifu*	Yaqaannaa
- *Nacrifu*	Naqaannaa
- *Acrifu*	Aqaannaa
- *Tacrifu*	Taqaannaa

Ereyada kore waxay si cad u muujinayaan xiriirka ka dhexeeya falalka joogtada ee Carabiga iyo Soomaaliga.

Ereyada ay labada luqadood isaga egyihiin waxaa kaloo ka mid ah qaar ku jira qaybta loo yaqaanno "magac-u-yaallada". Tusaale ahaan, ereyga Soomaaliga ah ee "aniga" marka Carabi lagu sheegayo waa "*anaa*" "أنا"; (ani-ga) "ga"-du waa qodob macrifaynaya magaca, laakiin magac-u-yaalku waa "ana" "انا" . Sidoo kale "iyada" waa "*hiya*" "هي", waxaana hamse "i" lagu beddelay "ha"; "ga" iyo"da" ku jira aniga iyo iyada waa qodobbo macrifaynaya labadan erey; sidoo kale "isaga" wuxuu ka yimid "issa" oo waagii hore Yemen looga hadli jiray, oo ah macnaha "huwa" marka laga hadlayo Carabiga hadda la isticmaalo.

Ereyada kale ee caanka ah ee ay wadaagaan labada luqadood waxaa ka mid ah ereyaga "cab", (tusaale, biyaha cab); "عب". Haddii aan soo qaadanno sharraxaadda uu ka bixinayo ereygaas qaamuuska weyn ee "*Lisaanu-alcarab*" ee uu qoray *Ibnu Manthuur*, wuxuu ku micnaynayaa ereygaas "cabbidda biyaha", gaar ahaan qurqurinta aan loo neefsan.

Sidoo kale, ereyada muujinaya xiriirka ka dhexeeya labada luqadood waxaa ka mid ah ereyga "ukun" oo ah beedka. Kalmaddani Carabi ahaan waa cushka shinbiraha ama meesha ay u hoydaan oo ukuntooda dhigtaan; wuxuu yiri *Imru Alqays*, asagoo sifaynaya faraskiisii:

وقد اغتدى والطير في وكناتها * بمنجرد قيد الاوابد هيكل
مكرّ مفّر مقبل مدبر معا * كجلمود صخر حطّه السيل من عل

Wuxuu leeyahay farasku wuxuu kallahayaa ama dheelmanayaa ayadoo shimbiruhu weli ku jiraan hoygooda "وكناتها". Ereyga "wukun" waa hoyga shinbirta; markaa "ukun" iyo "wukun" waa isku dhowyihiin.

Guud ahaan, ereyada asalkoodu af Carabiga yahay ee af Soomaaliga ku jira waxaa lagu qiyaasaa 40%.

Meelaha kale ee af Soomaaliga iyo af Carabigu iska shabbahaan waxaa ka mid ah dhinaca xikmadda iyo suugaanta. Tusaale ahaan, waxaa jira kitaab la yiraahdo *"Alfaakhir"* oo uu qoray almufadalu-dhibi "الفاخر للمفضّل الضّبي". Waxaa la qoray qarnigii labaad ee hijriyada... meelahaas. Haddaba, sheeko kitaabkaasi qorayo ayaa sheegaysa sidan: Nin reer miyi ahaa ayaa awr ka lumay. Asagoo awrkii doondoonaya ayaa nin ku soo baxay, dabadeedna wuxuu waydiiyay waxa uu raadinayo ee ka lunsan. Markaas ayuu u sheegay in awr ka maqanyahay. Markaas ayuu waydiiyay: awrkaagu hays ma lahaa (wuxuu ula jeedaa kuruskiisa ma qalloocnaa)? Il ma la'aa, mana sayn la'aa. Ninkii awrku ka maqnaa wuxuu u sheegay in awrkiisu lahaa seddaxda calaamadoodba; daabeedna wuxuu, asagoo faraxsan, waydiiyay halka uu joogo ee uu ku arkay awrkaas. Balse, wuxuu ugu jawaabay inuusan awrkii arkin. Halkaas ayaa labadii nin muran ku dhexmaray, taasoo keentay in qaaddi loo dacwoodo. Ninkii wuxuu ku dooday inuusan ratiga naf ahaantiisa arkin, balse uu ogaaday inuu calaamadahaas leeyahay markuu arkay (i) inuu geedaha hal dhinac ka daaqayay, taasoo u muujisay inuu il la'yahay; (ii) inuu digada hal meel tubayay oo uusan firdhinayn, taasina ay muujisay inuusan sayn lahayn; (iii) meelaha uu ku galgashay waxaa ka muuqatay inuu hays lahaa. Ninkii sidaas ayuu isku difaacay, qaadigiina ku aqabalay inaanu ninkani awrka arag. Sidoo kale, Soomaalidu waxay leedahay qisa taa la mid ah.

Run ahaantii, af Soomaaligu waa luqad xoog badan, islamarkaana hodon ah. Taas waxaa caddayn u ah sida ay isaga difaacday afafkii gumaysiga iyo saamayntoodii, ayada oo la ogyahay in afafkii dadyowga kale ee dalalkooda gumaysi qaybsaday ay baaba'een.

Waxyaabaha af Soomaaliga u suurageliyay inuu ka badbaado saamaynta afafkii gumaysiga waxaa ka mid ah inuu yahay af hodon ah oo awood leh, dadkiisuna isku kalsoonyihiin, taasoo la'aanteed uu khatar geli lahaa af

Soomaaligu. Waxaa kaloo sababaha ka mid ah in dadka Soomaalida oo u badnaa reer guuraa ay hal af ku hadlaan, ayadoo uu yaryahay qaran tilmaanta nuucaas ah leh (dadkiisu hal af ku hadlaan, marka laga reebo lahjado iyo afguriyo). Tusaale ahaan, ma jiro dal Afrikaan ah oo dadkiisu hal af kaliya ku hadlaan, marka laga reebo dalalka Carabta ee Afrika ku yaal.

Markii *culuum*-ta casriga ahi soo gashay gayigeenna, waxay noqotay mid aan dhib badan lagala kulmin in la sameeyo ereybixin af Soomaali ah oo la xiriirta maaddooyinkii cilmiga ahaa ee afkaka qalaad ku qornaa. Haddii aad soo qaadato xisaabta, tusaale ahaan, ereyada: seddaxagal, laydi, bed, afargees, iyo kuwa kale. Juquraafiga: Dhig, lool, dhulbare, iyo kuwa kale. Dhinaca ciidamada, darajooyinka oo dhan ayaa loo beddelay af Soomaali. Tusaale ahaan: alifle, dhamme, gaashaanle, sarreeye guuto. Arrintaasi muddo badan ayay ku qaatay afafka kale, sida Carabiga in culuumtii casriga ahayd loo sameeyo ereybixin, marka laga reebo Siiriya oo ahayd waddanka kali ah ee Carbeed ee guul ka gaaray arrintaas. Taasi waxay muujinaysaa hodantinimada af Soomaaliga.

Meelaha kale ee ay hodantinimada af Soomaaligu ka muuqato waxaa ka mid ah kala duwanaanshaha magacyada maalmaha, tusaale ahaan; berri, saadambe, saakuun, sadataal - maalin waliba magac u gaar ah ayay leedahay. Taas marka la barbardhigo af Ingiriiska, oo sheegi kara laba maalmood oo kali ah, (*tomorrow, the day after tomorrow*) iyo sidoo kale Carabiga (*bukrah, bacda bukrah*), waxaa muuqanaysa hodantinimada af Soomaaliga, maxaayeelay afar maalmood ayuu af Soomaaligu sheegi karaa, ayada oo aan la soo celcelin magacyada, halka afafka kale ay sheegi karaan laba maalmood oo kali ah, oo weliba isla magacii la soo celiyay.

Waxaa kaloo laga dheehan karaa hodantinimada af Soomaaliga in kalmado badan lagu cabbiro hal shay, ayadoo la eegayo nuucyadiisa ama heerarkiisa kala duwan, sida roobka: Mahiigaan, Xays, Gudgude, Miraale, Gabadhle, Dhagaxaale, Shuux iwm, ama sida caanaha: dhay, dhanaan, garoor, ciir, barax, suusac, iwm. Waxaa kaloo jira ereyo micnayaal kala duwan loo adeegsan karo. Tusaale ahaan, ereyga "dhan" oo mar noqonaya wax la cabayo (caanaha dhan), marna noqonaya idlaansho, (intaas oo dhan), mar kalena noqonaya tilmaan (dhanka bidix u leexo).

Haseyeeshee, waxaa jirta inaan aad loo horumarin af Soomaaliga marka la eego dhinaca qoraalka, inkastoo aad loo dadaalay. Tusaale ahaan, waxaa jira xarfaha qaarkood oo aan la qorin, sida hamsada oo ah shibbane ka mid ah shibanayaasha af Soomaaliga, oo markii la qorayay af Soomaaligana loo qaray: " ' " aanse lagu darin alifba'da. "Hamsadu" waa xaraf xasaasi ah oo ka mid ah xuruufta af Soomaaliga, wuxuuna ku jiraa ereyo badan, sida: su'aal, go'aan, qabaa'il, iwm; waxaa kaloo jira shaqallo aan qornayn, sida shaqallada culus. Tusaale: Axmed wuu duulay, oo looga jeedo "Axmed wuu dhoofay"; iyo Axmed wuu duulay, oo looga jeedo "dagaal ayuu qaaday", iwm.

Waxaa kaloo aan la dhigin sida loo qorayo mowjadda hadalka oo ah sida uu ereygu u dhawaaqayo. Tusaale ahaan, jumlada "Cali baa mas dilay" waxay yeelan kartaa laba mance oo kala duwan: in Cali la dilay oo masku wax dilay, iyo in Cali wax dilay oo maska la dilay'. Haddaba, qoraalka af Soomaaliga ma laha qaab lagu kala saari karo waxaa loola jeedo jumladaha nuucaas oo kale ah, maxaayeelay xarfaha oo kali ah ayaa la qoray ee codkii lama qorin. Waxaa kaloo jira ereyo badan oo isku dhigaal ah, balse kala dhihid ah, sida: beer oo looga jeedo xubinta "beerka", iyo beer oo looga jeeda beerta la abuurto; inan oo looga jeedo "wiil", iyo inan oo looga jeedo "gabar", iwm.

Dhinaca kale, Cismaan Cabdinuur Xaashi oo ah cilmi-afeedyaqaan cilmibaaris ku sameeyay af Soomaaliga, wuxuu qabaa in af Soomaaligu yahay luqad soojireen ah oo fac weyn. Waxayaabaha uu ka ogaaday af Soomaaliga waxaa ka mid ah wax uu u bixiyay "laba-afleyn", oo ah ereyo billowga iyo dhammaadka laga akhrin karo, ayadoo aan dhawaaqa iyo micnuhuba isbeddelin. Tusaale: dad, daad, dood, reer, sees, suus, nin, shiish, qiiq, deked, iyo kuwa kale. Cilmibaarahaasi wuxuu ogaaday in tayadaasi tahay mid af Soomaaliga u gaar ah, oo aan ku badnayn afafka kale oo dhan.

Waxaa kale af Soomaaliga hodan ku yahay ereyada ka kooban laba xaraf oo kaliya, islamarkaasna micne samaynaya, sida: bu', ci, gu', ri', lo, 'og, af, ul, ur, iwm.

Gagabagadii, af Soomaaligu waa af fac weyn, una baahan in cilmibaaris qotodheer lagu sameeyo.

5.5.3. XIRIIRKA KA DHEXEEYA AF SOOMAALIGA IYO AF CARABIGA: ARAGTIDA BARFASOOR CABDALLA MANSUUR

Guud ahaan, afafka adduunka waxaa la isugu leexiyaa kooxkoox, ayadoo lagu salanaynayo isu dhowaanshaha marka la eego naxwahooda iyo qaabdhismeedkooda. Abla-ablaynta afafka adduunka waxaa la billaabay ka hor kontomeeyadii. Si loo ogaado afafka isku koox ah iyo kuwa ka kala tirsan kooxo kala duwan, waxaa la adeegsadaa xeerar ka soo baxay daraasado lagu sameeyay afafka adduunka.

Sida ay xeerarkaasi muujinayaan, af Soomaaligu wuxuu ka midyahay kooxda loo yaqaanno *"Afro-Asiatic"* ama *"Hamito-Semitic"*. *"Hamitic"* waa afafka ay ku hadlaan dadka deggan Afrikada Woqooyi iyo Geeska Afrika, halka *Semitic* uu yahay afafka ay ku hadlaan dadka deggan Jasiiradda Carabta, iyo weliba Israa'iil. Waxaa kaloo kooxdaas ka mid ah afafka Amxaariga, Eretariyaanka, iyo kuwo kale oo dhintay waayo hore.

Magaca *"Hamito-Semitic"* ayaa horreeyay; haseyeeshee, 1955 ayaa *J.H. Greenburg*, oo uu u cuntami waayay magacaasi wuxuu u bixiyay *"Afro-Asiatic"*. Balse anigu (C. Mansuur) waxaan raacsanahay kii hore, maxaayeelay *Afro-Asiatic* waxay noqonaysaa in loo jeedo Afrika iyo Aasiya oo dhan; sidaasna ma aha ee waxaa loo jeedaa dadyowga ku nool qaybo kooban oo ka mid ah labadaas qaaradood. Si kastaba ha ahaate, kooxda *Hamito-Semitic* waxay u sii kala baxdaa reero iyo baho. Sidaas darteed, af Soomaaligu wuxuu ka mid yahay reerka *Afro-Asiatic* oo ka kooban shan bahood. Mid ka mid shantaas bahood waa *Semitic* oo lagaga hadlo Jaziiradda Carabta; afarta bahood ee kale waxay kala yihiin:

1) Berberka, oo looga hadlo qaybta kore ee Afrika (dhinaca Marooko);
2) Afkii Masaaridii hore ee baaba'ay;
3) Afafka la isku yiraahdo "Kushitig", oo looga hadlo Geeska Afrika; iyo
4) Jaatik, oo looga hadlo dalka *Chad* iyo dalal kale.

Shantaas qaybood ayaa isku ah hal reer, sida *Indo-Eruopean* oo ay iskula jiraan afafka looga hadlo Yurub, Hindiya, Iiraan iyo meela kale ay hal reer isugu yihiin.

Af Soomaaliga iyo af Carabiga waxaa ka dhexeeya xiriir xoog leh oo taabanaya dhinacyo kala duwan. Marka laga hadlayo abtiriska guud, labada af waxay ka wada tirsanyihiin qoyska *Hamito-Semetic*. Balse, labadoodu waxay ka kala tirsanyihiin laba bah oo kala duwan. Af Soomaaliga wuxuu ku tirsanyahay bahda Kushitiga, halka af Carabigu ka tirsanyahay bahda Semitiga. Sidaas awgeed, labada af waa ilma-adeer, balse iskubah ma aha. Xiriirka labada af waxaa astaan u ah is dhexgalka ereyada. Gaar ahaan, af Soomaaliga waxaa ku jira ereyo fara badan oo af Carabi ah. Haddaba, laba qaybood ayaan u kala qaadi karnaa ereydaas. Qaybta hore waa ereyo asal ah oo muujinaya jiritaanka ilma-adeernimadii aan soo sheegnay. Tusaale ahaan, ereyga *"anaa"* wuxuu si iskumid ah sal ugu leeyahay af Soomaaliga iyo af Carabiga. Asaga iyo qaar kale oo nuuciisa ahi waxay ka midyihiin ereyada ay wadaagaan labada af, kuwaasoo aan midna marti uga noqon midka kale.

Qaybta labaad waa ereyo ay kala ergadeen labada af. Gaar ahaan, af Soomaaliga waxaa ku jira ereyada nuucaas ah, oo qaabab kala duwan uga mid noqday afkeenna.

Qaarkood waxay afka ka soo galeen dhinaca diinta. Tusaale: Salaad, Seko, Duhur, Casar, Kheyr, iwm; qaarka kale waxay ka soo galeen dhinaca ganacsiga ama ilbaxnimada. Tusaale: miis, kursi, qalin, macallin, xaashi, iwm. Marka la isu geeyo, ereyada af Carabiga ah ee af Soomaaliga ku jira waxay gaarayaan 25% qiyaastii.

Ereyada afkeenna ku soo galay ergashada waxay ahaayeen kuwa ay ilbaxnimadu keentay, oo aan afkeenna laga heli karin kuwa la mid ah oo macnihii xambaari kara, maxaayeelay shayga laftiisa ayaa ahaa wax ku cusub dhaqanka Soomaalida. Bal u fiirso ereydan: koob, kaamera, kombuyuutar, qalin. Dhammaan alaabtaasi kuma jirin nolosha Soomaalida ka hor markii ay uga yimaadeen dibadda. Sidaas darteed, mar haddii aan shaygii u baahannay waxay noqotay inaan asaga iyo magicii uu watayba isku qaadanno, sidaasna uu uga mid noqday afka iyo dhaqanka Soomaaliyeed.

Dadka qaar ayaa ku kedsooma farabadnida ereyada Carabiga ah ee ku jira af Soomaaliga, oo waxayba la noqotay in af Soomaaligu mar ahaan jiray mid ka mid ah lahjadaha af Carabiga. Taasi sax ma aha, maxaayeelay xiriirka ka dhexeeya laba af waxaa lagu saleeyaa ereyada asalka ah ee aan ku iman ergashada. Ereyada nuucaas ah ee ay wadaagaan labada af waa kuwo ay tiradoodu yartahay marka la barbardhigo kuwa aan asalka ahayn ee ku yimid ergashada. Ereyada asalka ah waxaa ka mid ah: falkabayaasha, sida: "aniga", "adiga", "ayada", iwm; waxaa kaloo ka mid ah ficilka falkaabaha leh, sida: "waan tegay", "waad tagtay", oo Carabi ahaanna noqonaya: *"ad-habu"*, *"tad-habu"*, iwm. Ereyada nuucaas ee labada afba ku jira ayaa lagu saleeyaa xiriirka ka dhexeeya laba af.

Af Soomaaliga iyo Bahda Kushitigga

Ereyada asalka ah ee af Soomaaligu la wadaago bahda Kushitigga ayaa aad uga badan kuwa uu la wadaago af Carabiga. Tusaale ahaan, afafka Kushitigga waxaan isaga midnahay magacyada xubnaha jirka qaarkood, sida: san, il, madax, iwm; taas ayaa sabab u ah ka midnoqoshada af Soomaaliga ee Bahda Kushitigga.

Cilmibaaris lagu sameeyay bahda Kushiitigga waxaa lagu ogaaday in bahdaasi u sii kala baxdo afar qaybood:

1) Qaybta loo yaqaanno "Kushitigga Woqooyi" (*Beja*), oo ay ku hadlaan dad dega xuduudda Suudaan iyo *Eritrea*, gaar ahaan kuwa saaran xeebaha Badda Cas;

2) Kushitigga Dhexe (*Agow*), oo looga hadlo degaanka xiga badda case ee Itoobiya iyo *Eritrea*;

3) Qaybta loo yaqaan "Kushitigga Koofureed", oo looga hadlo Woqooyiga *Kenya* iyo meela yaryar oo ka mid ah *Tanzania*;

4) Qaybta loogu yeero "Kushitigga Bari" oo ay ku jiraan afafka Soomaaliga, Oromada, Canfarta iyo kuwa kale[80]. Tusaale: afka loo yaqaan *"Elmoole"* oo dadkiisa ay ka noolyihiin odayaal aad u tira yar, kuwaasoo haddii ay dhintaan, afkuna la dhiman doono, maxaayeelay ilmahoodii waxay la qabsadeen afka Amxaariga, oo shiiqiyay *Elmool*aha. Sidaas oo kale ayay u dabar go'aan afafku.

Af Soomaaligu wuxuu, haddaba, soo gelayaa bahda loogu yeero

---

80. 40meeyo ayay gaarayeen, balse hadda sagaal iyo toban ayaa ka nool, intii kale way baaba'een, waxaa dhici karta in sababtu tahay dadkii ku hadli jiray oo dabargo'ay

"Kushitigga Bari" oo ay, sidoo kale, ku jiraan afafka Oromada, Canfarta, *Beja, Sidama, Hadiya*, iyo kuwa la mid ah oo looga hadlo dhulka sare ee Itoobiya ilaa Badweynta Hindiya. Afafkaasi waxaa la isugu baheeyay isku dhowaanshahooda darteed; haseyeeshee, marka ayaga laftooda loo sii kala saaro sida ay isugu sii kala dhowyihiin, waxay u kala baxayaan: (b) *Macro Somali* (Soomaali weyn), iyo (t) *Macro Oromo* (Oromo weyn). Soomaaliweynta ayaa u sii kala baxda: *Daasanach, Elmolo, Baiso*[81], iyo qaar kale.

Dhinaca *Kenya* marka la aado, waxaa jirta qolo la yiraahdo "*Rendille*" oo ku hadasha af aad ugu dhow af Soomaaliga, weliba u sii dhow Maxaatirirga; waxaaba la dhihi karaa afka Rendiilluhu wuxuu noqon lahaa mid ka mid ah lahjadaha af Soomaaliga, haddii ay dadkiisu degganaan lahaayeen Soomaaliya. Rendiilluhu waxay leeyihiin dhaqanka Soomaalida oo kale, inkastoo aysan Muslim ahayn. Sida Soomaalidii, Oromadii iyo Canfartii hore, Rendiiluhu waxay haystaan diintii la dhihi jiray "Waaqa", waxayna weli baaqi ku yihiin gaalnimada, walow ay hadda billaabeen inay islaamaan. Waxaa kaloo jira qolo la yiraahdo "Aweera ama *Boni*" oo degta Woqooyi Bari *Kenya*, dhinaca sii xiga badda, kuwaasoo ku hadla luqad aad ugu dhow af Soomaaliga, weliba u sii dhow lahjadda Maayga. Sidoo kale, afka ay ku hadlaan qolada *Baiso* wuxuu aad ugu dhowyahay lahjadda Dabarraha.

Marka la isku soo duubo, kuwaasi waa calaamado muujinaya inay jiraan dad Soomaaliyeed oo lumay Islaamka ka hor. Markii Islaamku soo gaaray, dadyowgaas badankoodu waxay degganayaayeen gudaha dhulka hadda loo yaqaan "Bariga Itoobiya" (Aagga Harar). Markuu jabay Imaam Axmed Guray ayaa Koofur Bari Afrika (dhulka hadda la degganyahay) loo soo hayaamay, halkaasoo diinta Islaamku aad ugu faaftay.

---

81. Waa qolo degta Harada Abaya ee dalka Itoobiya, dhuudhuuban oo muuqaalka Soomaalida leh; waxay ku hadlaan luqad of Soomaaliga aad ugu dhow, kana duwan afafka ay ku hadlaan dadka ku hareeraysani; waxaa kale oo ay Soomaalida ka shabbahaan dhinaca dhaqanka.

CUTUBKA 6AAD

CUTUBKA 6AAD

GABAGABO IYO TALABIXIN

6.1. GABAGABO

Dabayaaqadii qarnigii 19aad ayay cilmibaarayaal shisheeye billaabeen inay wax ka qoraan af Soomaaliga. Waxyaabihii ay cilmibaarayaashaasi ogaadeen waxaa ka mid ahaa in af Soomaaligu leeyahay habnaxweed aad u sarreeya. Qoraalladii ay sameeyeen cilmibaarayaashaasi waxaa markii dambe ka faa'iidaystay cilmibaarayaal Soomaaliyeed oo wax ka qoray af Soomaaliga, islamarkaana wax ku biiriyay horumarintiisa, ayaga oo sameeyay buugaag naxwe ah, gacanna ka gaystay habqoraalka iyo waxyaaba kale. Sida ay qabaan aqoonyahannada cilmi-afeedku, af Soomaaligu waa af asal ahaan qani ah oo naxwihiisu ka qara weynyahay afafka kale.

Haddaba, qorista af Soomaaligu waxay ahayd mid ka mid ah arrimaha ugu waaweyn ee hortebinta u lahaa maamulladii kala duwanaa ee soo maray dalka ka dib hanashadii qarannimada 1960. Maaddaama afku ka mid yahay astaamaha qarannimo, qorid la'aantiisu waxay ahayd wejigabax weyn oo haystay dowladnimadii curdinka ahayd. Sidaas darteed, xukuumadihii kala dambeeyay ee 1960 ilaa 1969 waxay xoogga saareen in la qoro af Soomaaliga, waxayna qaadeen tallaabooyin dhowr ah, si looga gungaaro arrintaas. Haseyeeshee, tartan ka dhexeeyay cilmibaarayaashii Soomaaliyeed, kuwaasoo watay soojeedinno kala duwan oo ku saabsanaa nuuca fartii lagu qori lahaa af Soomaaliga ayaa caqabad ku noqday dadaalladaas. Nuucyada farta ee la soo jeediyay waxaa ka mid ahaa qaar ay Soomaalidu alliftay sida: fartii *Cusmaaniya*-da oo uu allifay Cusmaan Keenadiid, *Kadariya*-dii oo uu allifay Xuseen Sheekh Axmed (Kadare), iyo kuwa kale; waxaa kaloo jiray qaar ay xuruuftoodu ku salaysnayeen Carabiga iyo *Latin*-ka.

Dowladdii milateriga ee xukunka ku qabsatay afgembiga 1969 ayaa ugu dambayntii ku guulaysatay in la qoro af Soomaaliga. Markaa ka dib, waxaa la qaaday tallaabooyin degdeg ah oo lagu hirgelinayay fartii la qoray, ayadoo lagu billaabay in af Soomaaliga looga shaqeeyo xafiisyada dowladda iyo goobaha waxbarashada, oo markaas ka hor laga adeegsan jiray afaf shisheeye. Barnaamijkii caanka ahaa ee la magac baxay "Ololaha Horumarinta Reer miyiga", kaasoo xoogga saarayay baridda far Soomaaliga dadka reer guuraaga ah, iyo kuwa ku nool meelaha ka baxsan magaalooyinka waaweyn ayaa ka mid ahaa dadaalladii lagu hirgeliyay qorista af Soomaaliga. Ololahaasi wuxuu ka caawiyay reer miyiga oo ahaa kuwo aan wax qorin, waxna aqrin, inay bartaan qorista iyo akhriska, ayadoo qaarkood ay markii dambe heer ka gaareen waxbarashada.

Qorista farta iyo hirgelinteeda ka sokow, waxaa laga shaqeeyay horumarinta af Soomaaliga, gaar ahaan habqoraalka, ereybixinta iyo naxwaha.

Caqabadihii soo wajahay dadaalladii lagu horumarinayay af Soomaaliga waxaa ka mid ahaa:

1. Inaysan jirin dad aqoon fiican u lahaa cilmi-afeedka oo si ku filan u fahmi karay, xallinna karay dhibaatada haysatay af Soomaaliga;
2. Inuusan jirin qorshe ballaaran oo lagu dhammaystirayo horumarinta afka qorista ka dib;
3. Loollan ka imaanayay afaf shisheeye, gaar ahaan Carabiga, Talyaaniga iyo Ingiirisiga, kuwaasoo ku xoogaystay dalka xilligii gumaysiga iyo ka hor;
4. Dareen ay dadka qaar ka qabeen af Soomaaliga, ayagoo u arkaayay inuusan horumarsanayn, sidaa darteena uusan buuxin karin baahida luqadeed ee dhinacyada cilmiga, waxbarashada iyo maamulka.

Haseyeeshee, ayadoo ay socdaan dadaalladaasi, aanse la soo

dhammaystirin ayuu burburkii dhacay, taasina waxay keentay in howlihii socday oo dhami ay hakad galaan. Howlaha dhimmanaa markii burburka dhacay waxaa ka mid ahaa faafinta iyo hirgelintii natiijooyinkii ka soo baxay cilmibaarisyadii la sameeyay, iyo weliba siiwadidda cilmibaarista.

Maaddaama ay meesha ka baxeen hay'dihii isku xirayay dadaalladii kala duwanaa ee lagu horumarinayay af Soomaaliga, waxaa billaabatay hoosudhac ku yimid adeegsigii afka, qoraal ahaan iyo hadal ahaanba. Taasi waxay fududaysay inay dib u soo xoogaystaan afkii qalaad ee loollanka ku hayay af Soomaaliga. Goobaha waxbarashada iyo kuwa shaqada, oo ah halbowlaha barnaamijyada adeegga iyo horumarinta qaranka, ayaa ka mid ah meelaha uu ka dhacay kaalinriixa ugu weyn ee ka dhanka ah af Soomaaliga.

Dibudhacyada ugu waaweyn ee uu la kulmay af Soomaaliga waxay ka dhaceen dhinacyada soo socda:

- **Habqoraalka**: Waxaa laga weecday habkii wax loo qori jiray ee ku salaysnaa lahjadda dhexe ee la qoray, ayadoo ay cid waliba lahjaddeeda u xaglisay. Intaa waxaa dheer, waxaa billaabatay in la quursado wax ku qorista af Soomaaliga, haba ugu darnaadeen aqoonyahankuye.
- **Kuhadalka**: Waxaa hoos u dhacay kuhadalka af Soomaaliga, ayadoo ay si weyn u korartay in af Soomaaliga lagu laro ereyo shisheeye, iyo in lagu ciyaaro habnaxweedkiisa, gaar ahaan dhallinyarada iyo qurbajoogta.
- **Ereybixinta**: inkastoo loo howlgalay in wax laga qabto ereybixinta markii af Soomaaliga la qoray, haddana baahida ereybixintu waa mid weli taagan, maxaayeelay, sida dadaalladii kale ee loogu adeegayay horumarinta af Soomaaliga, cilmibaarista la xiriirta ereybixintu waxay hakatay markii burburku dhacay. Intaa waxaa dheer, isbeddellada iyo horumarka tiknooloojiyadeed ee dhacayay soddonkii sano ee ugu dambaysay waxay sii xoojiyeen baahida loo qabo ereybixin cusub.

Af Soomaaliga hal mise laba af

Tan iyo intii la qoray af Soomaaliga, gaar ahaan wixii ka dambeeyay burburka, waxaa soo xoogaysanayay doodo ku xeeran af Soomaaliga iyo lahjadihiisa. Dadka qaar ayaa diiddan aragtida tilmaamaysa in dadka Soomaaliyeed ay yihiin isku af, ayagoo ku doodaya in dalka ay ku noolyihiin ummad ka kooban bulshooyin ku hadla afaf kala duwan. Taas waxay caddayn uga dhigayaan xaqiiqada ah in aysan is fahmayn, tusaale ahaan, laba qof oo ku kala hadla Maay iyo Maxaatiri.

Haddaba, dooddaasi waxay leedahay ugu yaraan laba dhinac:

Dhinaca siyaaasadda: Sidii aan ku soo aragnay Cutubka 5aad, dadka ku hadla Maayga waxay muddaba gocanayeen in la gacanbidixeeyay markii la qorayay af Soomaaliga, ayagoo u arka in alifb'ada la qaatay ay ahayd mid aan tixgelinayn baahida qoraal ee Maayga, taasina ay horseedday inaan la baarin, wax laga qorin, lana horumarin afka, dhaqanka iyo suugaanta Maayga; taasoo keentay sinnaan la'aan la xiriirta dhaqanka, siyaasadda iyo horumarka bulshada.

Dhinaca cilmiga: Marka laga eego dhinaca cilmiga arrinta ku saabsan af Soomaaliga iyo waxa uu u qaybsamo – afaf ama lahjado –, xeeldheerayaasha cilmi-afeedku waxay qabaan in af Soomaaligu yahay hal af oo leh lahjado kala duwan.

Dhinaca kale, markii la samaynayay alifba'da af Soomaaliga, waxaa jiray tiro codad ah oo ku jira lahjadda Maayga, oo laga tegay. Waxaa kaloo laga tegay qaar ku jira lahjadda la qoray ee Maxaatiriga lafteeda. Sida ay xeeldheerayaashu qabaan, mabaadii'da la raaco marka la samaynayo alifba'da waxaa ka mid ah 'dhaqaalayn', taasoo looga gol leeyahay in la koobo xuruufta alifba'da, intii suurtagal ah. Mabda'aasi wuxuu, haddaba, oggolaanayaa in laga tegi karo codadka laga maarmi karo. Siduu qabo Barfasoor Cabdalla Cumar Mansuur, dhammaan codadka laga tegay markii la samaynayay far Soomaaliga waa kuwo laga maarmi karo marka laga reebo labada cod ee "gn" (gnaagnuur) iyo "jh" (jhibiso) ee ku jira lahjadda Maayga.

Sidaas darteed, alifba'da af Soomaaligu waxay noqon kartaa mid ay ku dhanyihiin codadka lagama maarmaanka ah ee af Soomaaliga, sidaas darteedna loo adeegsan karo qorista af Soomaaliga - Maay iyo Maxaatiriba, haddii lagu daro codadka lagama maarmaanka ah ee ka maqan.

Inkastoo tallaabooyin loo qaaday qorista iyo horumarinta afka, haddana lama gaarin natiijo dhammaystiran. Gaabisyada dhacay waxaa ka mid ahaa inaan hore loo sii wadin cilmibaaristii iyo horumarintii afka, iyo weliba inaan cilmibaarista, intii xataa la sameeyay, lagu ballaarin lahjadaha af Soomaaliga oo dhan. Waxay ku habboonayd in horumarkii laga gaaray qorista farta loo rogo fursad horseedda in casriyayn buuxda lagu sameeyo afka, si uu u noqdo mid buuxin kara baahida luqadeed ee dhinacyada kala duwan ee nolosha.

Qaar ka mid ah aqoonyahannadu waxay dhaliilahaas aan soo sheegnay qayb ahaan sabab uga dhigayaan xaqiiqada ah inay dadka ka soo jeeda bulshada ku hadasha Maayga; beeraleyda, kalluumaysatada iyo kuwo kale ay ka maqnaayeen ama ku yaraayeen Guddigii af Soomaaliga iyo xeeldheerayaashii ku howlanaa cilmibaarista af Soomaaliga.

Si kastaba ha ahaatee, xaaladda maanta ee af Soomaaligu waa mid laga welwelo, ayadoo ay muuqato halis weyn oo ku soo fool leh afka iyo dhaqanka ummadda. Halistaas waxaa dareemi kara qofka booqda meelaha xasaasiga ah ee cilmiga laga faafiyo. Tusaale ahaan, jaamacadaha Soomaaliyeed maxay maanta adeegsadaan: af Soomaali mise af Ingiriis? Marka aad gudaha u gasho waxaad ku diimaysaa erey af Soomaali ah oo meel ku qoran; xataa ogaysiisyada loogu dowgalay ardayda waxay ku qoranyihiin af Ingiriis. Sidoo kale, marka la sheegayo tirooyinka, taariikhaha iyo xarfaha (B T J X) waxaa la adeegsadaa af Ingiriis (A B C). Haddaba, waxaa muuqata in lagu hadlayo af jacbur ah, oo aan lagu qeexi karin af Soomaali. Taas waxaa ka dhalanaya dhaqan jacbur ah, diin jacbur ah iyo ummad jacbur ah, oo aan lahayn astaamo u gaar ah oo lagu aqoonsado.

Hadalka ka sokow, afku wuxuu muhiim u yahay kaydinta iyo isugudbinta dhaqanka, midnimada ummadda, horumarinta aqoonta, iyo guud ahaan jiritaanka ummadnimo. Wuxuuna wajahayaa halis aad u weyn, oo gaarsiin karta baaba'a kama dambays ah haddii aan loo istaagin badbaadintiisa.

6.2. TALABIXIN

Talooyinka soo socda waxaa soo jeediyay aqoonyahannada iyo

xeeldheerayaasha iska leh aqoonta iyo xogta ku jirta buuggaan, kuwaasoo ku xusan lifaaqa; waxayna soo koobayaan arrimaha ugu muhiimsan ee u baahan in la tixgeliyo, si loo badbaadiyo af Soomaaliga:

1) Shirweyne Qaran

In la qabto shirweyne ku saabsan horumarinta af Soomaaliga, halkaasna ay ka soo baxaan talooyin la xiriira tallaabooyinka mudnaanta leh, iyo sida looga howlgelayo badbaadinta af Soomaaliga. Waa inay ku jiraan kasooqaybgalayaasha shirka dadka tirada yar ee ka haray xeeldheerayaashii af Soomaaliga, si loo ururiyo fikradahooda, meel dhexena la isugu keeno.

2) Cilmibaarista

Inkastoo la qoray, lana hirgeliyay adeegsigiisa, af Soomaaligu waa mid heerkiisa horumarsanaantu ay weli tahay mid hoosaysa. Cilmibaaristu waxay dhammaystiraysaa wixii hore loo sameeyay ee dhinacyada ereybixinta, habqoraalka iyo naxwaha. Sidaas darteed, waxaa muhiim ah in dib loo billaabo, lana ballaariyo cilmibaaristii, si uu afku u noqdo mid horumarsan oo la tartami kara afafka kale ee adduunka. Si natiijooyinka ka soo baxa cilmibaarisyadu u noqdaan kuwo hela aqbalaad guud iyo hirgelin, waxaa muhiim ah in cid kasta oo wax qortay ay gayso Akadeemiyada waxa ay qortay, si looga doodo. Dadaallada cusub ee lagu horumarinayo af Soomaaliga waa in lagu dhisaa natiijooyinkii hore ee la gaaray.

3) Hirgelinta habqoraal midaysan

Maaddaama ay muuqato inay soo kordhayaan dadka Soomaaliyeed ee xiisaha u qaba inay wax qoraan, gaar ahaan jiilka cusub; islamarkaana ay jiraan qorayaal badan oo soo saaray buugaag af Soomaali ku qoran, waxaa lagama maarmaan ah in la tayeeyo habqoraalka. Taasi waxay u baahantahay in xeeldheerayaasha af Soomaaligu ay la yimaadaan wax ay ku midaysanyihiin, si loogu gudbiyo cid kasta oo danaynaysa inay wax ku qorto af Soomaali, sida: warbaahinta, macallimiinta, cilmibaarayaasha, iwm.

Islamarkaas, waxaa loo baahanyahay in la helo awood siyaasadeed oo hirgelisa wixii ay soo saarto cilmibaaristu. Halkaas waxaa ka muuqanaysa baahida loo qabo kaalinta dowladda.

4) Adeegsiga af Soomaaliga

Si loo xoojiyo af Soomaaliga, waxaa lagama maarmaan ah in loo adeegsado qaybaha muhiimka ah oo dhan, sida: maamulka, waxbarashada, shuruucda, iwm. Maaddaama afkeenna hooyo uu xambaarsanyahay dhaqankeenna, xiriirka bulshada iyo taariikhdeenna, waxaa dhallinyarada la gudboon inay u soo jeestaan sidii af Soomaaliga loo horumarin lahaa, iyo inay siiyaan qiimeyn iyo qaddarin weyn, ayagoo maanka ku haya in af Soomaaligu ka mudanyahay afafka kale oo dhan. Waa in dhallinyaradu adeegsaadaan, kuna faanaan afkooda hooyo marka ay samaynayaan xiriirrada dhexdooda ah, sida: baraha bulshada, farriimaha, waraaqaha, *Emails*-ka, iwm.

5) Wacyigelinta bulshada

Waxaa muhiim ah in la sameeyo wacyigelin guud oo loola jeedo dadweynaha caadiga ah, ayadoo lagu baraarujinayo muhiimadda afka hooyo, si ay bulshadu uga qaybqaadato adeegsiga iyo horumarinta af Soomaaliga.

6) Machadka tababarka af Soomaaliga

Waxaa baahi weyn loo qabaa asaasidda machad lagu barto daraasaadka af Soomaaliga, kaasoo ah meesha ugu muhiimsan ee laga billaabi karo horumarinta af Soomaaliga.

7) Tababarka macallimiinta af Soomaaliga

Maaddaama xoogga la saarayo dibusoonoolaynta iyo horumarinta af Soomaaliga, waxaa mudan in laga billaabo diyaarinta iyo tababbaridda macallimiinta, si ay u soo baxaan macallimiin leh aqoon iyo takhasus af Soomaali. Taasi waa arrin istiraatiijiyadeed, maxaayeelay macallimiintaasi waxay noqon doonaan barayaal dhiga af Soomaaliga, waxa ku qora af Soomaali, kana shaqeeya cilmibaarista af Soomaaliga.

ISHA UU KA SOO MAAXDAY BUUGGU

Axmed Maxamed Suleymaan (Shiraac)

Waxbarashadiisii hore waxay ahyd cilimiga Joolojiga oo shahaadada 1aad uu ku qaatay Jaamacadda New York ee Maraykanka. Waxase uu aad ugu kuurgalay af Soomaaliga oo uu ka qoray labo maqaal oo muhiim ah: Waxyaabaha ay isir ahaan wadaagaan afka Carabiga iyo Soomaaliga iyo Hingaadda afka Soomaaliga. Waxa kaloo uu qoray buugga "Naxwaha afka Soomaaliga" oo 2019 gaaray daabacaaddii 7aad.

Inj. Cabdulqaadir Aadan Cabdulle

Inj. Cabdulqaadir wuxuu ku dhashay Shalaambood, Shabeellada Hoose, dagaalkii Talyaaniga iyo Ingiriiska ay ku dirireen halkaa ka hor sannadkii 1937kii. Sannadkii 1941kii waxay u guureen qoyskiisu Baladweyne, halkaas ayuuna Qur'aanka iyo dugsiga hoose ku dhigtay. Wuxuu ka baxay *Scuala Superiore* oo ahaa iskuul uu Talyaanigu maamuli jiray, Sannadkii 1959kii ayuu dhammeeyay dugsiga sare. Wuxuu ka baxay Jaamacadda *Universita La Sapienza di Roma*, Kulliyadda Injineeriyada sannadkii 1966kii. Wuxuu shaqadii ugu horaysay ka billaabay joornaal la dhihi jiray *Lo studente* iyo *Al-dhaalib*, oo looga hadli jiray qadiyadda midnimada Soomaaliyeed iyo siyaasadda Soomaaliya. Shaqada wuxuu ka soo shaqeeyay *Scotia Electrica Industrial Somala* shirkad la dhihi jiray ilaa 1969kii. Ka dib wuxuu wasiir ka noqday muddo kooban dowladdii kacaanka.

Barfasoor Cabdalla Cumar Mansuur

Waa khabiir afka iyo taariikhda Soomaaliyeed. Wuxuu qoray 16 maqaal iyo 8 buug. Qoralladiisa waxa ugu caansan "Barashada Naxawaha Af

Soomaaliga" iyo "Qaamuuska afka Soomaaliga" oo labadaba ay la qortay Barfasoor *Annarita Puglielli*. Buuggiisi ugu dambeeyay ee soo baxay 2019 waa "Taariikhda Afka iyo Bulshada Soomaaliyeed – Daraasaad Af iyo Dhaqan". Wuxuu hadda gacanta ku hayaa qoraalka buugga "Af Soomaaliga Guud: Midayntiisa iyo Horumarintiisa". Wuxuu 1975 shahaadada 1aad ka qaatay Kulliyadda Lafoole ee Jamacadda Ummadda Soomaaliyeed. Wuxuu takhasus cilmi-afeedka iyo dhaqanka ku sameeyay Jaamcadda *"La Sapienza"* Roma, Talyaaniga. Wuxuu bare ka soo noqday Jaamacadda Ummadda Soomaaliyed iyo Jaamacadda *"Universita' Studi Roma Tre"*. Wuxuu hadda deggenyahay Muqdisho, wuxuuna hadda ka tirsanyahay Akademiya Goboleedka Afka (AGA).

Barfasoor Ciise Maxamed Siyaad

Waxa uu takhsus ku saabsan 'qaabdhismeedka, taariikda horumarka afka iyo xiriirka afafka' ku sameeyay Jaamcadda Roma, Talyaaniga, halkaas oo uu cilmibaaris ku sameeyay. Wuxuu ka qalinjebiyay Kulliyadda Waxbarashada ee Jamacadda Ummadda Soomaaliyeed oo 1978-1990 uu ka ahaa bare ka tirsan Kulliyadda Afafka. Wuxuu asaaska u dhigay daraasaadka isticmaalka lammaanaha ee naxwaha af Soomaaliga, waxa kaloo uu kaalin ka ciyaaray qorista sheeko-xariirooyinka. Wuxuu ka mid ahaa khubaradii afka ee ka howlgeli jiray Akademiyada Cilmiga, Fanka & Suugaanta, halkaas oo uu hadda ka yahay Guddoomiyekuxigeen.

Sarreeye Gaas Jaamac Maxamed Qaalib (Allaha u Naxariisto)

Waxa uu 1933 ku dhasay Dhoodigaban ee Gobolka Sanaag, wuxuuna ku geeriyooday Djibouti 2022. Wuxuu magac ku lahaa nolosha Ciidanka Booliska Soomaaliyeed, waxase uu door weyn ku yeeshay siyaasadda. Wuxuu ahaa qoraa xiisaynayay mowduucyo kala duwan oo isugu jiray: taariikhda, siyaasadda, amniga iyo afka. Buuggiisi ugu horreeyay wuxuu ahaa *"The cost of dicatorship: the Somali experience"* ee uu 1993 ka qoray waayihii dowladdii militariga. Waxase uu markii dambe u soo jeestay inuu af Soomaali wax ku qoro. Bugaagtiisa sida weyn loo soo dhoweeyay waxaa ka mid ahaa "Taariikhda Soomaalida: xogogaalnimo u badan". Wuxuu Jaamacadda City ee Magaalada Muqdisho ka dhigayay taariikhda Soomaaliyeed. Inkasta oo uusan wax ka qorin af Soomaaliga, haddana wuxuu Jaamac ahaa qof darsa naxwaha iyo horumarinta afka. Wuxuu xog fiican ka hayay arrimihii taagnaa markii lagu dhawaaqayay qorista farta Soomaaliga, wuxuuna ahaa mas'uulkii ugu horreeyay ee ka jeediyay meel fagaare ah khudbad af Soomaali ku qoran.

Maxamed Cabdulqaadir Nuur

Wuxuu ku dhashay magaalada Beledweyn 1953, waxase uu ku koray magaalada Marka ee Gobolka Sh/Hoose. Sannadkii 1978 ayuu shahaadada koowaad ka qaatay Jaamacadda Ummadda, asagoo bartay maaddada xisaabta. Sannadkii 2010 ayuu shahaadada labaad ka qaatay Jaamacadda Nairobi ee dalka Kenya, asagoo ku takhasusay waxbarashada. Maxamed C/qaadir wuxuu bare ka ahaa dugsiyada sare, asagoo dhigi jiray maaddada xisaabta 1978 - 1984. Wuxuu barekaaliye ka noqday Waaxda Xisaabta ee Jaamacadda Ummadda 1984 – 1990. Wuxuu soo noqday Maamulaha dugsiga Imaam Shaafici 1989 – 1997. Waxa kale oo uu ka mid noqday Dalladda Waxbarashada FPENS, asagoo ahaa Madaxa Manaahijta. Jaamacadda Banaadir ayuu ka soo noqday Madaxa Kulliyadda Waxbarashada iyo Guddoomiyekuxigeenka Jaamacadda. Wasaaradda Waxbarashada, Hiddaha iyo Tacliinta Sare ayuu kasoo noqday Agaasime Guud, haddana wuxuu ka yahay Lataliyaha Wasiirka.

Barfasoor Maxamed Cilmi Tooxoow

Wuxuu ku dhashay gobolka Galgaduud sannadkii 1954kii. Wuxuu waxbarashada dugsiyada sare uga baxay Xamar, Jaamacadda Ummadda Soomaaliyeed kuliyaddii Lafoole ayuu ka baxay sannadkii 1982kii. Wuxuu heerka labaad ee waxbarashadiisa uga soo baxay Jaamacadda

Ummu Darmaan ee Suudaan. Sidoo kale, wuxuu diyaariyay shahaadada PhD. Wuxuu shahaadada dawladda galay 1976kii asagga oo dugsiga sare ee macallimiinta ka baxay. Kadibna howlo kala duwan ayuu wasaaradda waxbarashada ka soo qabtay oo ay ka mid yihiin macallin iyo maamule dugsi hoose, dhex iyo sare. Wuxuu ka mid noqday sannadkii 1987kii barayaashii Akademiyadda Cilmiga, Fanka iyo Suugaanta oo uu ka shaqeynaayay ilaa burburkii dowladdii dhexe iyo burburkii ka dib oo uu ilaa iyo hadda uu ka shaqeeyo. Barfasoor Tooxoow waxa kale oo uu ka shaqaynaayey burburkii ka dib waxbarashada dalka oo uu macallin iyo maamule kasoo noqday goobo waxbarsho oo kala duwan. Wuxuu ka soo shaqeeyay Wasaaraddda Waxbarashada, Hiddaha iyo Tacliinta Sare.

Dr. Maxamuud Cumar Aadan (Saxane)

Waxa uu dhammeeyay waxbarashadiisa dugsiga sare 1988. Wuxuu shahaadada koowaad ka diyaariyay Luqadda Carabiga, Jaamacadda Muqdisho sannadkii 2001. Shahaadada labaad wuxuu ka diyaariyay Wadiiqada ama Dariiqada Waxbarashada, Jaamacadda Islaamiga ee Omdurman, dalka Suudaan 2005, isla jaamacaddaas ayuu ka sameeyay shahaadada PhD-da 2009, asagoo diyaariyay Manhajka iyo Dariiqada Waxbarashada. Dr. Saxane wuxuu ahaa macallin wax ka dhiga dugsiyada dowladda intii ay jirtay dowladdii kacaanku. Wuxuu soo noqday Agaasimaha Xafiiska Kormeerka Waxbarashada ee hay'adda "Direct Aid Foundation- Afrikan Muslims Agency. Hadda wuxuu macalllin ka yahay Jaamacadaha dalka, gaar ahaan SIMAD, Muqdisho iyo Jaamacadda Ummadda, islamarkaasna wuxuu yahay Guddoomiyaha Ururka Macallimiinta Soomaaliyeed. Dr. Saxane wuxuu qoray dhowr buug, waxaana ka mid ah: (i) *Absence of Unified National Curriculum and its Impact on the Education of Somalia* (ii) *Reading and its Importance to Human.*

Barfasoor Maxamed Cumar Dhalxa

Waa siyaasi caan ah, laakiin leh khibrad dhigis iyo cilmibaaris afka iyo lahjadaha Soomaaliga iyo suugaanta kala duwan, gaar ahaan tan beeraleyda. Wuxuu 1985-1990 bare ka ahaa Kulliyadda Afafka ee Jaamcadda Ummadda Soomaaliyeed. Wuxuu horey wax uga qoray mowduucyada kala ah: habdhaqameedka dabshidka iyo caado-dhaqameedyada bulshada Soomaaliyeed; doorka aflaanta Carabiga ay ku lahaayeen baahinta afka Carabiga ee Soomaaliya; xiriirka afka Carabiga iyo xorayntii Soomaaliya.

Barfasoor Maxamed Xaaji Mukhtaar

Barfasoor Dr. Maxamed Xaaji Mukhtaar waa bare buuxa oo wax ka dhiga Jaamacadda *Savanah*, Gobolka *Georgia* dalka Maraykanka. Sannadkii 1983 ayuu darajada Doktoorada (PHD) ka qaatay Jaamacadda Al-azhar ee dalka Masar, asagoo ku takhasusay 'Taariikhda Gumaystaha ee Afrika.' Wuxuu cilmibaare taarikheed ka soo noqday Akadeemayihii Dhaqanka ee Soomaaliya. Wuxuu Bare ka soo noqday Kulliyaddii Waxbarashada ee Jaamacadda Ummadda Soomaaliyeed, asagoo dhigayay taariikhda Soomaalida, taariikhda Bariga Dhexe, iyo habka loo diyaariyo qoraallada qalinjebinta sannadihii 1975 - 1984. Wuxuu kaloo Bare Sare ka soo noqday Jaamacadda *Kebangsan* ee dalka Malaysia 1987 - 1990, asagoo dhigi jiray 'Taariikhda Xadaaradaha Islaamka ee Afrika, iyo afka Carabiga.' Dr. Mukhtaar wuxuu la qoray buugaag badan, asagoo cutubyo badan ku leh buugaagtan: *Proceedings of the Third International Congress of Somali Studies* (1988); *The Invention of Somalia* (1996); *Mending Rips in The Sky: Options for Somali Communities in the 21st Century* (1997); *Milk and Peace Drought and War: Somali Culture, Society and Politics* (2010); *The Middle East: Its History and Culture* (2012). Biyadhigga cilmibaaristiisa waxaa ka mid ah buugga cinwaankiisu yahay: "*Historical Dictionary of Somalia: New Edition* (*Oxford*, 2003)" iyo *Habka Cilmiga ee Baarista Taariikhda* (*Lafoole*, 1978). Dr. Mukhtaar wuxuu tifaftire ka yahay Joornaalka '*Demenedung*'; iyo wargeyska Ururka Cilmibaarista ee Webiyada (*Inter-Riverine Studies Association "ISA"*).

Barfasoor Mustafa Cabdullaahi Feyruus

Waa bare jaamacadeed iyo xeeldheere af Soomaaliga iyo suugaantiisa, wuxuu Agaasime ka yahay Machadka Daraasaadka Soomaalida ee Jaamacadda Muqdisho (ISOS).

Dr. Ridwaan Xirsi Maxamed

Dr. Ridwaan wuxuu ku dhashay magaalada Hargeysa qiyaastii 1966kii. Waxbarshada dugsi hoose ilaa sare wuxuu ku soo qaatay isla Hargeysa. Jaamacadda heerka 1aad iyo 2aad wuxuu ku qaatay dalka Suudaan, asagoo bartay 'Daraasaadka islaamiga' ah iyo luuqadda Carbiga oo ilaa PhD uu ka gaaray. Wuxuu sameeyey cilmibaaris ku saabsan 'sida farta Carabiga ah loogu qori karo af Soomaaliga'. Wuxuu bare ka soo noqday Jaamacado ku yaal dalka Yaman 1996 ilaa 2004. Ka dibna wuxuu la taliye dhaqanka iyo siyaasadda kasoo noqday safaaradda Yaman. Wuxuu xubin ka noqday Baarlamaanka Federaalka Soomaaliya 2009 ilaa 2016. Dr. Ridwaan waxa kale oo uu noqday Ra'iisulwasaare ku-xigeen iyo wasiirkii hore ee Wasaaradda Awqaafta iyo arrimaha Diinta ee Xukuumadda Federaalka Soomaaliya 2014-2015. Sidoo kale wuxuu ka mid ahaa musharraxiinta madaxweynaha ee doorashadii 2022.

Barfasoor Xuseen Tooxoow Faarax

Wuxuu ku dhashay Beledweyne sannadkii 1954. Wuxuu ka baxay Dugsiga Tababarka Macallimiinta ee Lafoole sannadkii 1975. Wuxuu shahaadada koowaad ka qaatay Kulliyaddii Luqadaha ee Lafoole ee Jaamacadda Ummadda bishii Disembar 1979, ayadoo maaddadiisa koowaad iyo, tan labaad ay ahaayeen af Ingiriis iyo Taariikh, sida ay isugu xigaan. Wuxuu waxbarasho dheeraad ah u aaday dalka Ingiriiska, gaar ahaan *Scotland*, asagoo shahaadada labaad ka qaatay Morey House College Application 1979. Barfasoor Tooxow wuxuu kasoo shaqeeyay Dugsigii Tababarka Macallimiinta ee Xalane iyo weliba machadkii College Novo Soomaaliya. Sannadkii 1993 wuxuu noqday Xiriiriyaha Waxbarashada ee hay'adda UNESCO, asagoo markii dambe noqday Madaxa Xafiiska UNESCO ee Koofurta Soomaaliya. Barfasoor Tooxoow wuxuu hadda Guddoomiye ka yahay Jaamacadda *Green Hope* ee Magaalada Muqdisho. Qoraalladiisa waxaa ka mid ah: *Early grade reading and writing of Somali language*, 2017; *Translation of Somali Curriculum,* 2017. Wuxuu ka mid ahaa khubaradii diyaarisay manhajka waxbarashada ee af Soomaaliga ku qoran ee la hirgeliyay 2018.

ABOUT THE BOOK CHAPTERS & CONTRIBUTORS

THE PURPOSE AND SECTIONS OF THE BOOK:

The efforts directed towards writing the Somali language were long-lasting and consecutive. Finding a script to write the Somali language was a great achievement of these efforts. Therefore, it is important to adequately understand the different stages these efforts went through, keeping in mind the need for their continuation and completion.

Dhaxalreeb has prepared this book about the Somali language, which is intended to illuminate for the new generation of scholars the efforts made to write Somali and the successes achieved; and to stimulate their research interest related to the history of Somali language and culture. However, this does not mean that others cannot benefit from it, as the book will be useful to anyone interested in this topic, including researchers.

The book is prepared from interviews and academic discussions involving experienced experts with profound knowledge of the Somali language and its literature, and the Somali script and its history. The preparation of this book went through several stages. Initially, recorded videos were converted into unedited transcripts without omitting any words. Then it was organized and edited; after that, it was presented to other Somali language specialists for their input.

The writing of this book, and all Dhaxalreeb writings, followed the word writing style known as *"Lammaanaha"*. Therefore, the writing of paired words was not separated but joined, such as: dayaxgacmeed (satellite), dibudhac (regression), dibuhabayn (reorganisation), dhaqandhaqaale (socio-economy), luqadyaqaan (linguist), maandooriye (psychoactive), waxsoosaar (production), ereybixin (terminology), guddoomiyekuxigeen (vice chairman), afkaarwanaag (goodwill), etc.

Except for the introduction and conclusion, the book consists of four chapters:
1. **The first chapter** analyses the history of the Somali script, discussing issues related to the discovery and implementation of the script, and its role in the development of the Somali language. This chapter also mentions the problems faced by the Somali language, both spoken and written, during the period of conflict.
2. **The second chapter** discusses the impact that writing and implementing the Somali script had on education, and involves education experts who are knowledgeable about the country's education.
3. **The third chapter** talks about the research conducted on the Somali language, which began long ago and involved both Somali and foreign experts. Professor Abdalla Omar Mansur, who provided the interview from which this chapter was prepared, is one of these researchers. It also briefly explains linguistics and its branches, mentioning Somali experts and researchers specialized in the Somali language.
4. **The fourth chapter** is about language and literature, and is prepared from interviews with experts including: Professor Abdalla Omar Mansur, Professor Mohamed Haji Mukhtar, Professor Mohamed Omar Dalha, and Dr. Ridwan Hirsi Mohamed. Professor Dalha discusses in his section the relationship between language and literature, and other issues related to the Somali language. Professor Abdalla Omar Mansur and Professor Mohamed Haji Mukhtar specifically discuss the relationship between *Maay* and *Maxaatiri*, and generally how Somali is divided: language or languages? Similarly, Professor Abdalla Omar Mansur and Dr. Ridwan Hirsi Mohamed separately analyse the question about the relationship between Somali and Arabic languages.
5. **The fifth chapter** of the Conclusion contains important recommendations, through which the experts present their views on how to preserve and develop the Somali language.

BRIEF CONTRIBUTORS BIOGRAPHY:

Ahmed Mohamed Suleiman (Shirac)

His early education was in Geology, for which he obtained his first degree from New York University in America. However, he deeply studied the Somali language and wrote two important articles about it: '*Things that Arabic and Somali languages share in origin*' and '*The Spelling of the Somali language*'. He also wrote the book '*Somali Language Grammar*' which reached its 7th edition in 2019.

Eng. Abdulkadir Adan Abdulle

Eng. Abdulkadir was born in Shalambood, Lower Shabelle, before the Italian and British war there in 1937. In 1941, his family moved to Beledweyne, where he studied the Quran and primary school. He graduated from Scuola superiore, which was a school run by Italians. In 1959, he completed high school. He graduated from the University of Rome La Sapienza, Faculty of Engineering in 1966. He started his first job at a journal called Lo studente and Aldaalib, which discussed Somali unity and politics. He worked for a company called Scotia Electrica Industrial Somala until 1969. Later, he became a minister for a short period in the revolutionary government.

Professor Abdalla Omar Mansur

He is an expert in Somali language and history. He has written 16 articles and 8 books. His most famous writings are '*Studying Somali Grammar*' and '*Somali Language Dictionary*', both co-authored with Professor Annarita Puglielli. His latest book published in 2019 is '*History of Somali Language and Society - Language and Cultural Studies*'. He is currently working on the book '*General Somali Language: Its Unification and Development*'. He obtained his first degree from the Faculty of Education at the Somali National University in 1975. He specialized in linguistics and culture at "La Sapienza" University in Rome, Italy. He was a lecturer at the Somali

National University and the "Universita' Studi Roma Tre". He now lives in Mogadishu and is a co-founding member of the Intergovernmental Academy of Somali Language.

Professor Isse Mohamed Siyad

He specialized in 'structure, history of language development and language relations' at the University of Rome, Italy, where he conducted research. He graduated from the Faculty of Education at the Somali National University where he was a lecturer at the Faculty of Languages from 1978-1990. He laid the foundation for studies on the use of pairs in Somali grammar, and also played a role in writing short stories. He was one of the language experts who worked at the Academy of Science, Arts & Literature, where he is now the Vice Chairman.

Major General Jama Mohamed Ghalib (May Allah have mercy on him)

He was born in 1933 in Dhoodigaban in the Sanaag region, and died in Djibouti in 2022. He was well-known in the Somali Police Force, but also played a major role in politics. He was a writer interested in various topics including: history, politics, security and language. His first book was "The cost of dictatorship: the Somali experience" which he wrote in 1993 about the military government era. Later, he turned to writing in Somali. Among his widely welcomed books was "History of Somalia: mostly factual". He taught Somali history at City University in Mogadishu. Although he did not write about Somali language, Jama was a person who studied grammar and language development. He had good knowledge of the issues that existed when the writing of the Somali script was announced, and he was the first official to deliver a speech written in Somali in a public place.

Mohamed Abdulkadir Noor

He was born in the city of Beledweyn in 1953, but grew up in the city of Marka in the Lower Shabelle region. In 1978, he obtained his first degree from the National University, studying mathematics. In 2010, he obtained his second degree from the University of Nairobi in Kenya, specializing in education. Mohamed Abdulkadir was a high school teacher, teaching mathematics from 1978 - 1984. He became an assistant lecturer in the Mathematics Department at the National University from 1984 - 1990. He became the Principal of Imam Shafi'i school from 1989 - 1997. He also became a member of the FPENS Education Platform, serving as the Head of Curriculum. At Banadir University, he became the Head of the Faculty of Education and the Vice Chancellor of the University. At the Ministry of Education, Culture and Higher Education, he served as Director General, and is currently the Advisor to the Minister.

Professor Mohamed Ilmi Tooxow

He was born in the Galgadud region in 1954. He completed his high school education in Mogadishu, and graduated from the Lafole College of the Somali National University in 1982. He obtained his second degree from Omdurman University in Sudan. He also prepared for a PhD. He entered state service in 1976 after graduating from the teacher training high school. He then performed various duties in the Ministry of Education, including being a teacher and principal in primary, intermediate and secondary schools. He became one of the teachers at the Academy of Science, Arts and Literature in 1987, where he worked until the collapse of the central government and continues to work there until now. Professor Tooxow also worked in the country's education sector after the collapse, serving as a teacher and administrator in various educational institutions. He has worked for the Ministry of Education, Culture and Higher Education.

Dr. Mahmoud Omar Adan (Saxane)

He completed his high school education in 1988. He prepared his first degree in Arabic Language at Mogadishu University in 2001. He prepared his second degree in Educational Methods at Omdurman Islamic University, Sudan in 2005, and completed his PhD at the same university in 2009, preparing Curriculum and Educational Methods. Dr. Saxane was a teacher in government schools during the revolutionary government. He became the Director of the Education Supervision Office of the "Direct Aid Foundation - African Muslims Agency". He is currently a lecturer at universities in the country, especially SIMAD, Mogadishu and the National University, and is also the Chairman of the Somali Teachers' Union.

Dr. Saxane has written several books, including: Absence of unified national curriculum and its impact on the education of Somalia; Reading and its importance to human.

Professor Mohamed Omar Dalha

He is a well-known politician, but has experience in teaching and researching Somali language and dialects and various literature, especially that of farmers. He was a lecturer at the Faculty of Languages of the Somali National University from 1985-1990. He has previously written on topics such as: behavioral patterns of fire-setting and cultural traditions of Somali society; the role Arabic poetry played in the spread of Arabic in Somalia; the relationship between Arabic and Somalia's liberation.

Professor Mohamed Haji Mukhtar

Professor Dr. Mohamed Haji Mukhtar is a full professor teaching at Savannah State University, Georgia, USA. In 1983, he obtained his Doctorate (PhD) from Al-Azhar University in Egypt, specializing in 'Colonial History of Africa.' He was a historical researcher at the former Somali Academy of Culture. He was a lecturer at the Faculty of Education at the Somali National University, teaching Somali history, Middle East history, and methods of preparing graduation papers from 1975 - 1984. He was also a Senior Lecturer at Kebangsaan University in Malaysia from 1987 - 1990, teaching 'History of Islamic Civilizations in Africa, and Arabic language.'

Dr. Mukhtar has co-authored many books, with many chapters in these books: Proceedings of the Third International Congress of Somali Studies (1988); The Invention of Somalia (1996); Mending Rips in The Sky: Options for Somali Communities in the 21st Century (1997); Milk and Peace Drought and War: Somali Culture, Society and Politics (2010); The Middle East: Its History and Culture (2012). His research publications include the book titled: "Historical Dictionary of Somalia: New Edition (Oxford, 2003)" and Scientific Method of Historical Research (Lafole, 1978). Dr. Mukhtar is an editor of the 'Demenedung' Journal; and the newsletter of the Inter-Riverine Studies Association "ISA".

Professor Mustafa Abdullahi Feiruz

He is a university lecturer and expert in Somali language and literature, and is the Director of the Institute of Somali Studies at Mogadishu University (ISOS).

Dr. Ridwan Hirsi Mohamed

Dr. Ridwan was born in Hargeisa around 1966. He completed his primary to secondary education in Hargeisa. He obtained his 1st and 2nd level university education in Sudan, studying 'Islamic Studies' and Arabic language up to PhD level. He conducted research on 'how to write Somali language in Arabic script'. He was a lecturer at universities in Yemen from 1996 to 2004. Then he became a cultural and political advisor to the Yemeni embassy. He became a member of the Federal Parliament of Somalia from 2009 to 2016. Dr. Ridwan also became Deputy Prime Minister and former Minister of the Ministry of Endowments and Religious Affairs of the Federal Government of Somalia 2014-2015. He was also one of the presidential candidates in the 2022 election.

Professor Hussein Tooxow Farah

He was born in Beledweyne in 1954. He graduated from the Lafole

Teacher Training School in 1975. He obtained his first degree from the Faculty of Languages at Lafole of the National University in December 1979, with English as his first subject and History as his second. He went for further studies to England, specifically Scotland, obtaining his second degree from Morey House College Application in 1979. Professor Tooxow worked at the Halane Teacher Training School and also at the College Novo Somalia institute. In 1993, he became the Education Coordinator for UNESCO, later becoming the Head of UNESCO Office for South Somalia. Professor Tooxow is currently the Chairman of Green Hope University in Mogadishu. His writings include: Early grade reading and writing of Somali language, 2017; Translation of Somali Curriculum, 2017. He was among the experts who prepared the Somali language curriculum implemented in 2018.

EREYTUS

Symbols

21kii Oktoobar 13

A

Aadan Cabdulle 08, 32, 37, 42
Abaalmarinta UNESCO 22
Abaartii 1974 23
abla-ableyn 135
Afafka Kushitigga iyo Taariikhda af Soomaaliga 85
African Studies Association 111
Afro-Asiatic 143
Afyaaal 111
Akadeemiyada Fanka iyo Suugaanta 46
Alifba 125
Al-imaam Suyuudi 131
Amxaariga 92, 122, 135, 143, 145
Andrzejewisky 05
Andrzejewski iyo Muuse Galaal 20
Archivio Somalia 84
Asalka Afka 130
Astaamaha Guud ee Maansada Soomaaliyeed 75
Austria 04, 79
Aw Jaamac Cumar Ciise 15
A. W. Schleicher 04
Aw Sheekh Cabdille Isaaq 110
Axmed Faarax idaajaa 04
Axmed Faarax Idaajaa 10, 17
Axmed Nuur Yuusuf 98
aysin 130

B

Baajuuniga 117
Baaqii Koowaad ee Kacaanka 13
Baardheere 110
baasaysigii af Soomaaliga 64
baraha bulshada 28, 56, 81, 83, 155
Barashada Naxwaha af Soomaaliga 29
Barawaaniga 117
Barfasoor Ciise Maxamed Siyaad 04, 29, 37, 50, 78, 80
Barfasoor Mario Maino 05
Barfasoor Martino Mario Moreno 05
buugaagtii manhajka waxbarashada 64

C

Cabdi Kheyre Cawaale 16
Cabdirisaaq Xaaji Xuseen 11, 43
Cabdullaahi Xaaji Maxamuud 12
Cabdulqaadir Cadde 16
Cali Sheekh Qudbi 16
Cali Warsame 10, 11
Camuud 68
Carabi 04, 11, 38, 40, 41, 42, 44, 49, 62, 64, 80, 83, 92, 95, 109, 110, 111, 113, 117, 118, 121, 127, 136, 137, 138, 139, 144, 145
Carabiga 03, 04, 06, 08, 10, 11, 29, 38, 39, 41, 42, 49, 64, 65, 74, 75, 76, 81, 89, 91, 92, 94, 104, 109, 110, 113, 119, 120, 121, 123, 135, 136, 137, 138, 139, 140, 141, 142, 143, 144, 145, 150
Carta del Revoluzione 44
Ciidanka Xoogga 53
Ciidankii Xoogga Dalka Soomaaliyeed 82
cilmi-afeedka 27, 75, 77, 79, 80, 81, 84, 85, 118, 122, 125, 129, 135, 150
Cilmibaarayaashii shisheeyaha 79
Cilmibaaris af Soomaaliga diiradda lagu saarayo tii ugu horraysay 20
Cilmiga Codaynta 125
Cilmiga sarfiga 58

Cismaan Keenadiid 04, 10
Cismaan Yuusuf Keenadiid 06, 16
Corriere della Somalia 09
Cusmaaniya 04, 06, 07, 09, 11, 14, 17, 39, 40, 41, 44, 111, 150

D

Daakhiliya 06
Daaᴅuud Maxamed 16
dadka Banaadiriga 101
Dahabo Faarax 112
Degmada Afgooye 96
Dhaggaal 105
dowladihii rayidka 43, 45
Dr Maxamed Xuseen Macallin 03
Dr Shariif Saalax 16, 17
Dr Xasan Cali Mire 14
dugsiyada dowladda 63

E

Elef-Maay 112, 113
ereybixinta 04, 05, 30, 49, 50, 63, 79, 82, 107, 113, 130, 150, 151, 154
ereyo sooyaal ah 120

F

Faransiiska 04, 94, 122
Far Carabi 16
Fargadabuursi 39
far guri 03
farta Carabiga 03, 04, 12, 14, 17, 109, 162
Farta Cusmaaniya-da 04
Farta Latin-ka 09
Farta Maayga 26, 27, 89, 109, 111, 124, 126
farta Mustafe 111
Farwadaad 39
Fascist 116
Fred Hunter 04

G

Gaarriye 67, 74
Gabriel Ferrand 04
gabyaagii caanka ahaa ee Cali Xuseen 74
Geeska Afrika 78, 107, 135, 143
G. Fornari 07

Golihii Sare 13, 14, 15, 44
Golihii Sare ee Kacaanka 13, 14, 15, 44
Guddiga Afka Soomaaliga 05
Guddiga Farta Soomaaliga 11
Guddiga Luqadaha 10
Guddiga Maamulka Arlada 08
Guddigii Latashiga ee Qarammada Midoobay 08
Guddigii Qorista af Soomaaliga 46
Guyaaf 96, 97

H

habqoraalka af Soomaaliga 80
Hamito-Semitic 143
Hindiya 04, 143, 145
hodantinimada af Soomaaliga 114, 141
hoggaamiyihii Shiinaha ee waqtigaas Mao Tse-tun (Mao Zedong) 45
hooyooyinkii Soomaaliyeed 54

I

I bar aan bartee fartayda 46
Ibnu-Faaris 131
Ibraahim Xaashi 10, 12, 16, 17
Ibraahim Xaashi Maxamuud 12, 17
Iftiinka Aqoonta 17, 18
Il Nuovo Giornale 07
Indo-Eruopean 143
Ingiriiska 04, 07, 12, 20, 39, 40, 53, 55, 57, 64, 65, 75, 94, 111, 125, 141
Inj. Cabdulqaadir 08, 09, 14
International General Certificate of Secondary Education 66
Interreverine Study Associatin 111
Israaᴅiil 143

J

Jaamacadda Ummadda Soomaaliyeed xiii, 16, 79, 90, 102
Jaamac Maxamed Qaalib 14, 37, 46
Jarmalka 04, 116
Jasiiradda Carabta 135, 136, 143
John Saciid 78
JUS xiii, 90, 91

K

kabatolenimada 93
Kaydka Daraasaadka Soomaaliyeed 83
Keenadiid 04, 39, 43, 51, 150
Kulliyaddii Lafoole 67
kulub 06
Kushitigga Waqooyi 145

L

Laashin Maxamed Yuusuf 96
Laashin Nuunne 96, 97
laba-afleyn 142
lahjadaha af Soomaaliga 26, 146, 153
Lahjadaha kale 127
lahjadda Maxaatiriga 105, 106, 123
lammaanaha 29, 81
Latin 03, 04, 05, 06, 09, 10, 11, 12, 14, 16, 17, 20, 21, 22, 26, 38, 39, 40, 41, 43, 44, 45, 49, 91, 111, 150
Latin-ka 03, 04, 05, 06, 09, 10, 11, 12, 14, 16, 17, 18, 20, 21, 26, 38, 39, 40, 41, 43, 44, 45, 91, 150
Latin Laa Diin 41
Leego 06, 103
Leo Reinnisch 04
Lilias Amstrong 20

M

Maayga 25, 26, 27, 93, 104, 105, 106, 107, 108, 109, 111, 112, 113, 114, 118, 120, 121, 122, 125, 126, 127, 129, 146, 152, 153
Maay iyo Maxaatiri 27, 101, 112, 113, 118, 152
macalliimiin Masaari ah 09
macallimiinta af Soomaaliga 66, 67, 68, 155
Maino 07, 09, 33
Manhajka 66, 160
Maraykanka 85, 111, 115, 116, 124
Mareerrey 96
Matxafka Taariikhda Soomaaliyeed 10
Mauro Tosco 17
Maxaatiriga 25, 93, 97, 104, 106, 107, 108, 109, 112, 113, 114, 118, 119, 120, 122, 123, 125, 126, 127, 128, 129, 152

Maxamed Aadan Sheekh 42
Maxamed Cabdi Khayre 16
Maxamed Cabdi Makaahiil 04, 12
Maxamed Cali Nuux 112
Maxamed Cumar Dhalxa 99, 102, 103
Maxamed Nuur Caliyow 111
Maxamed Xaaji Ibraahim Cigaal 12
Maxamed Xaaji Mukhtaar 25, 26, 89, 106
Mbagathi 26, 112
midabtakoor 116
Miisaanka Maansada 74
mooryaannimo 65
Mushunguliga 117
Mustafe Sheekh Xasan 16, 17
Muuse Galaal 04, 05, 10, 12, 16, 17, 18, 21, 43, 67
Muuse Galaal iyo Andzejewski 21
Muuse Galaalna 04

N

naxwaha 04, 05, 15, 29, 47, 51, 63, 75, 79, 84, 85, 92, 110, 118, 132, 150, 154, 158
naxwaha Soomaaliga 04, 29
Nazi 116
Nilsson 04, 33
Noam Chomsky 131
Noole iyo Manoole 65

O

ololihii horumarinta reer miyiga 22

P

Pirone 09, 10, 33

Q

Qaabqoraalka Lammaanaha 29
qaafiyadda 96
Qaamuuska af Soomaaliga 84, 100, 105
qaamuuskan Barfasoor Cabdalla Mansuur 50
Qarammada Midoobay 07
Quluunqul 110
Qurɔaanka Kariimka 104, 110, 123, 130, 131, 132, 133

R

Raadinta Soomaalida Dhabta ah 111
Raadiyo Muqdisho 47, 82, 123
Raḍiisulwasaare Cabdullaahi Ciise 09
Raḍiisulwasare Cabdirashiid Cali Sharmaarke 11
reer Qandala 03

S

Sacuudi Carabiya 111
saldanaddii Luuq 114
Samatar Cabdi Jabane 16
Sawaaxili 117
Sayid Maxamed Cabdulle Xasan 39
Sheekh Aweys Al-qaadiriya 39
Sheekh Aweys Maxamed Baraawi 03
Sheekh Axmed Iimaan 16
Sheekh Cabdiraxamaan Saylici 110
Sheekh Cabdiraxamaan Qaadi 16
Sheekh Jaamac Cumar Ciise 03
Sheekh Maxamed Cabdi Makaahiil 04
Sheekh Yuusuf Al-kownayn 38
Shire Jaamac 05, 12, 13, 16, 17, 18, 19, 21, 41, 43, 122
Shire Jaamac Axmed 16
Siyaad Barre 14
Somali Poetic Combat 21
Soojeedinno ku saabsan farqoraalka Soomaaliga 20
Soḍyaqaan 120
Suugaanta af Soomaaliga 138
suuldhabaale 121
SYC (Somali Youth Club) 06

T

Taariikhda iyo Juqraafiga 49

tafsiirka Minhaajka 110
Taliyaha Ciidanka Booliska Soomaaliyeed 46
tayada waxbarashada 46, 63
Thomas Labhan 17
tiknooloojiyada 43, 83
Tiyees 110

U

UNESCO xiii, 06, 11, 12, 17, 22, 23, 34, 43, 64
Ururka Dhallinyarada Soomaaliyeed 09
Ururka Jaamacadda Carabta 42
Urururka Cilimibaarista Webiyada 26

W

Waqooyiga Kenya 107, 145
wargeyskii Iftiinka Aqoonta 18, 21
Wasaaradda Waxbarashada 05, 22
Wasaayada Talyaaniga ee Qaramada Midoobay 05

X

Xaaji Cali Cabdiraxmaan 03
Xaaji Raabbi 67, 78
Xafiiskii Manaahijta 50
Xaliimo Maxamed Cali 16
Xasan Cali Mire 44
xeerka cilmiga afafka 117
Xiddigta Oktober 49
xilligii Wasaayada 07, 41
xorriyadda hadalka 45
Xuseen Shekh Axmed Kaddare 11

Z

Zanzibaar 109

www.ingramcontent.com/pod-product-compliance
Lightning Source LLC
Chambersburg PA
CBHW030037100526
44590CB00011B/243